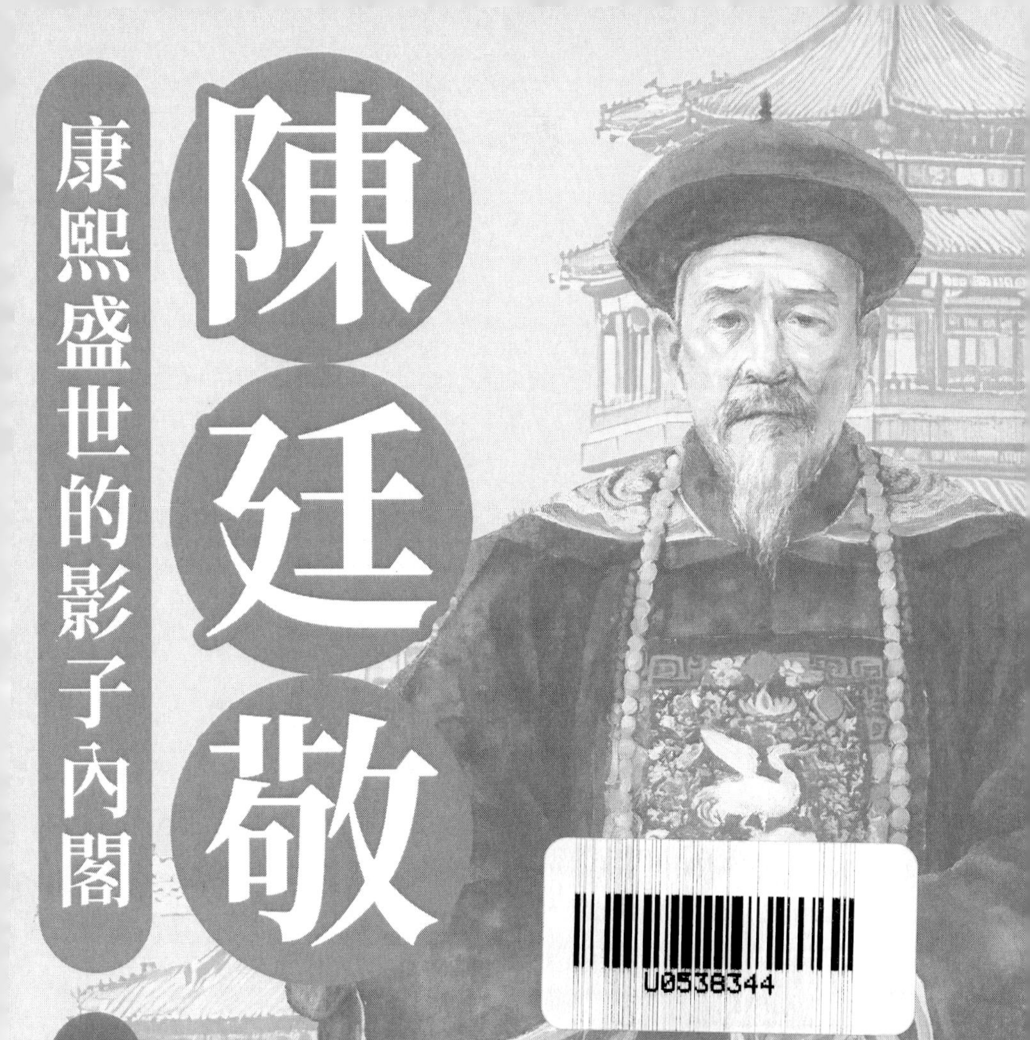

陳廷敬

康熙盛世的影子內閣

鍾小駿 著

清代最會當官卻最不貪的那個人

康熙盛世風雲裡，他以慎獨之道書寫清廉與智慧

仕宦半生，修史理財兼濟天下，盡展士大夫風骨

寬大老成，幾近完人

——文淵閣大學士兼吏部尚書　陳廷敬

陳廷敬

九歲吟牡丹

少經烽火事

童子試答問

勸友行敦厚

破例侍讀康熙

關心家鄉教育

墳前燒判詞參劾封疆大吏

参劾封疆大吏

主持典籍修撰

目 錄

目錄

人物生平

陳廷敬，字子端，號說巖、悅巖、月岩、午亭、半飽居士、午亭山人。山西澤州人。生於明崇禎十一年十一月，歷任經筵講官，工部尚書、戶部尚書、文淵閣大學士、刑部尚書、吏部尚書，《康熙字典》總纂官等職。清康熙五十一年四月卒，終年七十五歲。

陳廷敬原名「陳敬」，順治十六年改為「陳廷敬」。陳廷敬出生後不久，中國開始步入「康乾盛世」。陳廷敬是為「康乾盛世」做出過突出貢獻的政治家，而且在詩學、經學方面也頗有造詣。

陳氏家族，自三世祖以來，便是「以儒為業」，重視讀書、功名，堪稱書香世家。家庭的文化氛圍薰染了陳廷敬，加之他天資聰穎，所以在青少年時期，他的學業成績就特別優異。據他回憶：「吾六七歲從塾師受句讀，見《左氏》、《尚書傳》喜而竊誦之，雖訶其不急，弗顧也。後每見古文輒喜誦之。家故多書……乃盡發其新舊書得縱觀焉。」從六七歲時，陳廷敬已開始博覽群書。七歲那年，他讀了理學家薛瑄的著述，「即知嚮慕」，遂立志以薛瑄為師。九歲時，他寫了一首詩〈詠牡丹〉：「牡丹春後開，梅花先春坼。要使物皆春，定須春恨釋。」母親張氏見後大喜曰：「此子欲使萬物皆其所也！」塾師王先生見其學問精進很快，自感力不能逮，遂向陳廷敬的父親辭職說：「是兒，大異人，非我所能教也。」

順治八年，陳廷敬十四歲，「赴試潞安府，以童子第一入州學。」娶明吏部尚書王國光玄孫女為妻。對明史有所了解的讀者，對「王國光」這個名字應該比較熟悉，他是明朝中後期重要歷史轉捩點的見證者和參與者，與他同時期的政治人物都十分著名，有明神宗朱翊鈞、張居正、海瑞、徐階、高拱等等。但王國光更重要的身分在於他是以「出身地」為中心、以「利益」為連結的「晉黨」的承先啟後的人物。晉黨作為老牌的政治組織，在「嘉隆萬」三朝（嘉靖、隆慶、萬曆）中一共有兩個領袖：第一任是「天下三傑」之一的楊博，又稱楊蒲州；第二任是山西之鳳張四維，又稱張鳳磐。同時期暴得大名的王崇古後來認為蒲州公選定張四維為接班人是難得的看走眼，姑且不在這個領域討論，我們只問，作為一個政治組織，不可能自然消亡，那麼即使張四維是一個不成功的領導者，這個組織也需要下一個領導者來維持存續，被選出來的就是王國光了。

提這一點，是想告訴讀者，且不說晉黨的存在對明朝的影響十分重大，它本身就是一個有著內部理念與架構的組織，這一點不以時局變化而改變。所以在地方上必然會形成小型的政治生態，或者說「圈子」。代用現在的眼光來看，這就是「階級」或曰「階層」，那麼，能夠迎娶王氏家族的女兒為妻，陳廷敬或者說「陳氏家族」，即使不是豪門，也必然是地方的「名門望族」。

順治十一年，陳廷敬十七歲，赴省城太原參加鄉試，未中。陳廷敬，或者說這個時候還叫陳敬，家境優越且他自小天資聰穎，人生至此可以說一帆風順，但順治十一年的這次鄉試未中，對他的確是一個挫折，某種程度上，這是他人生中第一次遇到考驗。慶幸的是，因為明末清初這一時期世道混亂，陳家也屢次經受風波，陳廷敬的心志經過磨練後已經相當堅強。而他畢竟早慧，十七歲遠算不得「少進士」的時候，因此尺闊之溪一躍可過。順治十四年再次參加鄉試，中舉人。

順治十五年，陳廷敬二十一歲，應會試時，中進士，名列三甲第一百九十五名，隨即被選為庶吉士。

關於陳廷敬的名次，在他的自訴當中有不同說法：「十五年戊戌，二十一歲，登孫承恩榜二甲進士，授庶吉士。館試御試輒取第一。」（《午亭山人年譜》）但據明清《進士題名錄》載，順治十五年的會試，共取進士三百四十三名，其中一甲三名，二甲八十名，三甲兩百六十名，而陳廷敬的名次為三甲第一百九十五名，與《午亭山人年譜》所記「二甲進士」有異。

造成這種差異的原因，首先應該是年代久遠帶來的記憶誤差，畢竟修訂「年譜」是晚年行為，一些關鍵時間點越是重要，反而越會有差異；其次會有修譜者「為尊者諱」的原因——這要看年譜修訂者是否本人，是否與傳主關係相近；

最後，我們也應該看到，三甲第一百九十五名，也就是總榜倒數第七十五名——終陳廷敬一生，未曾在任何排名中處於這樣的位置，這讓他這樣一位從「散館」時「位列第一」，之後出入南書房，最後成長為「文壇盟主」的大人物終不免心有惻惻，可能在面對後生晚輩時不免有所「自抬」，以作自我安慰，也不可知！

但無論如何，雖然「進士」身分已經是天下人眼中的第一等成績了，可是這次的排名還是讓陳廷敬在讀書時非常刻苦。

順治十六年，陳廷敬二十二歲。這一年，發生了一件大事，他奏請改名，奉旨加「廷」字，以與順天通州陳敬區別。此年前後，與王士禎、汪琬等相聚論詩文。

這次改名事件，反映出了陳廷敬的謹慎。事情其實並不複雜，這次錄取的庶吉士當中還有一人也叫陳敬，為了和陳廷敬做出區別，他們一個叫通州陳敬，一個叫澤州陳敬。本來是一個好事，同名同姓，同榜登科，正是美好友誼的開端，可惜就可惜在這位通州陳敬犯了錯，這個錯誤甚至嚴重到他被開除的程度。

順治十五年十二月，直隸通州的陳敬因滿文成績不好而受到順治帝的處罰。當時的上諭是這樣說的：庶吉士「俱經簡拔，特命習學清書（滿文）以備任用，自當盡心肄業。今加考試，熊賜瓚蕭唯豫、王於玉……陳敬……清書俱未習熟，若不罰懲，何以勵其將來，著名罰俸一年。」(《世祖實錄》)到了第二年十月，通州的陳敬又被「革退」，原因是「陳敬、殷觀光習學清書日久，文義荒疏，足見平日全不用心，殊不稱職，俱著革退，永不敘用。」(《世祖實錄》)就在通州陳敬被罰俸的上諭釋出後的第十九天，即順治十六年正月十三，又有了這樣的上諭：「允庶吉士陳敬奏請，更名廷敬，以與直隸通州陳敬同名故也。」(《世祖實錄》)與直隸陳敬同名，陳廷敬在進士放榜時就已經知曉，在這長達七個月的時間內他並未提過更名之事，但直隸陳敬第一次受罰的上諭釋出後，他就提請更名，說明他是擔心同名陳敬的受罰會對自己帶來不必要的影響。

我們也可以看到，這位通州陳敬受罰的原因是滿文沒學好，跟不上進度，而「俱經簡拔，特命習學清書(滿文)以備任用」是說想當官先要學習滿族文字。這一點不難理解，官話，指的就是當官的必須要掌握的語言。第一次考核不達標的熊賜瑱就是湖北名臣熊賜履的堂弟，他家一門三進士，智商肯定沒問題，或者說考上進士的人，智商肯定都沒問題。而滿語六個母音音位，十九個子音音位，三個外來語子音，複雜程度且不說與象形字的漢語相比，就算和有二十六個字母的英語比較，因其誕生時間短，描述事件少，也不知道簡單了多少，所以到第二年再考的時候，其他人就都過關了。但問題也在這裡，「陳敬、殷觀光習學清書日久，文義荒疏，足見平日全不用心，殊不稱職」，這個「全不用心」才是「學不會」的原因，既然排除了「智商」這樣的「天賦資質」問題，造成這樣結果的原因只能出在「後天學養」上，而通州陳敬既然能夠考上進士，又為何「全不用心」？

實在是令人費解，畢竟，這次革退的除了他，還有另一個殷觀光，竟然有兩個進士因為這個原因被革退，其中深意，不問可知。最後，處罰的力道也實在出乎意料，僅僅因為學習成果不好就「永不敘用」？那下面那些考不上進士的就該坐牢，做不了舉人的就該用刑，當不了秀才的就要無期徒刑，而童生都考不過的就得去死，連字都不認識的甚至都不能出聲了。考慮到三年前的陳名夏案，或者另有原因，也未可知。

陳廷敬積極參加文學活動，並且擁有了一定的名聲。「順治中，廷敬在翰林。大宗伯端毅龔公以能詩接後進。先生（指汪琬）與今宰相合肥李公天馥、今戶部侍郎新城王公士正、吏部郎中潁州劉公體仁、監察御史長洲董公文驥及海內名能詩之士，後先來防顧。予亦以詩受知龔公，日與諸子相見於詞場。先生初見予詩，大驚，語新城曰：『此公異人也。』蓋是時，予年逾弱冠矣。先生雖以詩與諸公遊，實已巋然攬古文魁柄，自立標望，抗前行而排後勁，嘬鋒踣堅，騰踔萬夫之上。予既感先生知己之言，又方年少志銳，雅不樂以詩人自命。至是始學為文。

先生又語人曰：『我固以為異人也。』龔公既歿，諸子或散去或留。」（《午亭文編》）

尤其值得一提的是，陳廷敬在庶吉士學習期間，頗受順治帝賞識。

順治帝與陳廷敬同歲，沖齡踐祚，此時也不過是二十歲出頭，上有太后強勢，外有叔父攝政。八年前多爾袞死於塞北狩獵途中，被追封為「清成宗」，後順治帝下詔追尊多爾袞為「謚懋德修遠廣業定功安民立政誠敬義皇帝」。兩個月後的順治八年二月，順治帝福臨就剝奪了多爾袞的封號，並掘其墓。

這個時候的順治某種程度上才真正當了皇帝，此時他面對的主要矛盾除了滿漢之間的民族矛盾之外，還有新臣與舊臣之間的權力矛盾。順治元年，清朝定都北京，承明制設翰林院，主要掌管文史之士。第二年，將翰林院合併於清初曾設立過的內三院，即「內翰林國史院」、「內翰林祕書院」、「內翰林弘文院」。到順治十五年，順治帝為集中皇權，便改內三院為內閣，又另設翰林院。也就是說，這一年的翰林，是順治真正意義上的第一批「天子門生」，也因此，順治帝很注重這批庶吉士的學習狀況，不僅有時親自主持庶吉士的考試，而且還經常與一些庶吉士接觸。孫承恩是順治十五年這一次考試的狀元，此時陳廷敬透過自己的刻苦學習，已經和狀元郎一起，可以隨侍皇帝了，而且因為他的成績優良，又有了之前改名的「表露志向」的舉動，順治對他也另眼相看。

白胤謙曾說：「檢討君（陳廷敬已於順治十八年任檢討）時弱冠，翱翔玉堂，所譯習之業，往往蒙上讚許。」另據陳廷敬自己的敘述:「與承恩等三人讀書翰林中，上嘗幸景山、瀛臺、南苑，輒召以從，賜坐，延問如家人。」這就是說，順治帝經常召見陳廷敬談話，讚揚他的成績，並且「延問如家人」。

為了將來能夠加以重用陳廷敬，順治帝破天荒地在庶吉士未散館前，就打算讓陳廷敬擔任會試同考官。如此隆恩，讓陳廷敬瞬間變得炙手可熱。可惜，誰都沒想到，順治帝還沒有真正實施這個計畫，就薨逝了。

順治十八年，陳廷敬二十四歲。正月初九，參加康熙帝即位大典。三月，充會試同考官。五月，授內祕書院檢討。「十八年，充會試同考官。」(《清史列傳》)「十八年，充會試同考官，尋授祕書院檢討。」(《清史稿》)[01]三月初七「以大學士成克鞏為會試正考官，衛周祚為副考官。」(《聖祖實錄》)故陳廷敬被任命為同考官，也應在三月初七。

陳廷敬以「散館第一」被授予內祕書院檢討一職，從此踏上仕途生涯。但這個生涯開頭，與一年前預想中的開頭沒有可比性：那是簡在帝心的破格擢升，現在不過是尊重大行皇帝遺命的常規做法，沒有人會再把這個幸運的因為曾經皇帝的「計畫」而獲得特殊待遇的年輕人當作政治明星看待，只是表面上尊重一下先帝，接下來陳廷敬甚至會因為這樣的破格待遇而被打上深深的「先帝」的烙印，他身上的光芒，黯淡了。

---

[01] 按：陳廷敬任會試同考官的日期，《清史列傳》和《清史稿》均未載。

並且，大家要注意到，陳廷敬得到的真正「職務」，不是翰林學士，而是內祕書院檢討。首先需要說明的是，編修的品級為正七品，檢討的品級為從七品，既然陳廷敬是「散館第一」，考試名次在前，為什麼未授編修只授檢討呢？這是因為清朝規定，庶吉士散館後，是否留翰林院與散館考試成績有關，而授編修或檢討，還是由考取進士的名次決定，即原是二甲的進士授編修，三甲的進士授檢討。陳廷敬的進士名次在三甲，自然該授檢討。

其次，順治帝逝世後，康熙帝繼位，輔臣專權，恢復舊制，再復設內三院，將翰林院並於其中。也就是說，康熙帝此時面臨的情況和父親當時面臨的幾乎一樣：外有顧命四大臣，內有聖母皇太后；順治六歲登基，康熙八歲登基；順治十三歲親政，康熙何時親政尚未可知。但對陳廷敬來說，無論康熙帝何時親政，他都不可能成為皇帝「口袋」中的人了。小小的官職，無須風浪去打，只是鬥爭餘波，便毀滅了他的政治前途。這個時候的陳廷敬，深切地感受到了高層政治的風波詭譎，而期望的落空，也讓他深感疲憊與迷茫。那麼，不如歸去？

康熙元年，即授檢討第二年，二十五歲的陳廷敬因「母病」請假返鄉，在家中待了三年。

關於返鄉的原因，他自己說是「以病請假歸里」。而另有記載說：「澤州陳文貞公性至孝，始登籍，聞太夫人病，即歸省。」即說他是因母親有病而回家。但，自病也好，母病也罷，史料上均無詳情可查，其真正原因很難確定。陳廷敬從順治十五年赴京參加會試，庶吉士學習三年，到康熙元年，前後已有五個年頭。背井離鄉、隻身在外的陳廷敬，思鄉、思親的情緒肯定會有的，想回家去看看乃是人之常情。所以自己身體有所不適或者母親身體不適，都可能成為請假的藉口。然而，請假返鄉也可能是因為清朝政局的變化。陳廷敬授檢討時，順治帝已亡，康熙帝雖已繼位，朝政卻由輔臣專權，他們便開始了一系列的「率祖制，復舊章」和打擊漢族官吏、排擠漢族文化的活動。在這種局勢下，陳廷敬借病假回家以觀察大局的變化也是完全有可能的。他在家中住了三年。在這三年中，他除了侍奉父母外，主要是埋頭研究理學，他在理學上的一些著述，有的就是在這一時期完成的。除此之外，就是遊覽故鄉附近山水，所以寫了很多詩。總之，在鄉的三年，是他的學問快速累積、增長的三年。

康熙四年，陳廷敬假滿返京，「仍補檢討」。

康熙六年，陳廷敬三十歲，被任命為《世祖實錄》纂修官。本年在朝廷對京官的考察中，陳廷敬為「考察一等稱職」，被封為正七品「文林郎」。詔書中稱他「品行端凝，文思淵博，簡居詞苑，奉職無愆。」

康熙六年實際上是一個需要被重視的年分，因為這一年，康熙帝「宣布親政」，也就是明確對外界釋放了訊號：我要掌握真正的權力。可惜，以鰲拜為首的顧命大臣們，或者說就是鰲拜本人，對此訊號置若罔聞，這直接導致了兩年後著名的「康熙擒鰲拜」之事的發生。不過，我們要關注的是，陳廷敬的政治生涯，正好在這一年發生了變革，這可不是巧合。

在四大臣輔政期間，由於守舊勢力抬頭，漢族和漢族傳統文化遭受了壓制、排斥和打擊。因此，一部分年輕的漢族官員，特別是一些學識淵博、主張提倡儒學的漢族官員，以宏文院侍讀熊賜履為首，多次上書皇帝，一方面揭露鰲拜的種種罪行，與鰲拜一派進行鬥爭，一方面積極建議康熙帝發揚中國的傳統文化，尊孔讀經。年輕有為的康熙帝不僅表彰他們維護皇權，而且非常同意他們提倡儒學的主張，所以在親政以後，對他們中的一些人就特別提拔重用。像熊賜履，幾年之後就被提拔為武英殿大學士。在現存的史料中，我們雖然未見有陳廷敬與鰲拜勢力進行鬥爭的記載，但他與熊賜履是同科進士，又是同時被選為庶吉士，從當時和後來的一些具體情況推斷，他當時對時局和對皇帝的態度，應該與熊賜履是一致的。三年後熊賜履被擢升大學士時，陳廷敬曾作〈贈孝感相公〉一詩相賀，其中就有「僉曰帝知人，吾等夙願畢」的句子。可見，當年他和熊賜履在對待康熙皇帝的態度和剷除鰲拜勢力的決心上是有同樣「夙願」的。

康熙八年，陳廷敬三十二歲，擢為正六品國子監司業。任此職雖然只有一年，但他「正身董教」，頗有作為，其間取消了國子監學生入學謁見祭酒以下官員必須攜帶見面禮的陋習。這一年就是「康熙擒鰲拜」那一年，因此，被提拔為國子監司業毫無疑問是康熙帝在酬功。國子監是掌國學政令的機關，全國的最高學府，設管理監事大臣一人，實際負責人是祭酒（滿、漢各一人），其副職就是司業（滿、蒙、漢各一人），職責是「掌國學之政令，凡貢生、監生、學生及舉人之入監者，皆教焉。」司業的官品為正六品。某種程度上來說，「文學之臣」，或者叫「純文學」之臣，做到這個位置上基本就到極限了，上面只有「祭酒」一個位置，除此無路。除非，走上「詞臣」的道路。

康熙九年，陳廷敬三十三歲。任國子監司業，遷內祕書院侍讀，授奉政大夫。

康熙十年，陳廷敬三十四歲。改翰林院侍講，轉侍讀，升侍講學士。

康熙十一年，陳廷敬三十五歲。任侍講學士、日講起居注官。「十一年，纂修《世祖章皇帝實錄》告成，（廷敬）加一級食俸。」十月十二，「以翰林院侍講學士陳廷敬充日講起居注官。」（《聖祖實錄》）

自任國子監司業起，短短三年時間，陳廷敬連年升級，五次升遷。特別是兼任日講起居注官。對官員來說，能夠「日目天顏」，在皇帝身邊，就在一定程度上擁有了「權力」。日講起居注官之設，是康熙帝在恢復翰林院後，又恢復了由大臣為皇帝講課的經筵日講制度。除春秋兩季要舉行經筵大典，由經筵講官為皇帝講課外，還設日講官數人在平日為皇帝講課，主要講授「四書五經」以及《資治通鑑》等。另外，康熙九年，清朝設立了起居注館，設記注官滿四員、漢八員，輪值記錄皇帝起居。而這些記注官皆由日講官兼攝，故稱日講起居注官。當上了日講起居注官，意味著陳廷敬開始成為康熙帝的近臣。他終於有可能追上那個曾經的自己了。

康熙十二年，陳廷敬三十六歲。轉任翰林院侍讀學士，充武會試副考官、武殿試讀卷官。

這一年對陳廷敬來說，是他與同樣出身的漢人「帝黨」同仁之間拉開差距的一年，表面上是他從侍講學士轉任了侍讀學士，實際上武會試副考官這個任命更重要一點。因為這一年，是「三藩之亂」開始的一年。從這年三月康熙帝下令「撤藩」，十一月吳三桂殺雲南巡撫朱國治，舉旗號召反清復明開始，廣東尚可喜，福建耿精忠起兵回應，三藩之亂的序幕正式拉開，前後綿延八年之久。而康熙帝之所以要撤藩，是因為「藩鎮久握重兵，勢成尾大，非國家利」。也就是說康熙帝已經感覺到了藩鎮的不妥，那麼這年九月舉行的武會試，自然就被賦予了不同的意義。

「以大學士馮溥為武會試正考官，侍講學士陳廷敬為副考官」。在如此關鍵的時刻進行的軍事將領考試中，任用了學識淵博的詞臣為副考官，既是康熙帝為改革前代武會試中的弊端，以達到「重武兼重文」目的而採取的措施之一，也是他對武將們不那麼信任的一種表現。反過來說，陳廷敬成為副考官，正證明了康熙帝對他的信任。陳廷敬自己也說：此「蓋異數也」。

這樣的信任，還沒有結束。

康熙十四年，三十八歲的陳廷敬升詹事府詹事，兼翰林院侍讀學士。後又授通議大夫，兼任經筵講官。

在平定三藩期間，康熙帝為進一步鞏固中央政權，防止出現輔臣擅權的情況，也為了抑制叛亂、穩定人心，決定冊立太子。康熙十四年十二月十三上諭：「授允礽以冊寶，立為皇太子，正位東宮。……升內閣侍讀學士孔郭岱、翰林院侍讀學士陳廷敬並為詹事府詹事。」

允礽就是後來「九龍奪嫡」中的那位太子胤礽，詹事府是輔導太子的機構，詹事是詹事府的最高長官，為正三品。也就是說，康熙帝讓陳廷敬吃了一顆定心丸，不但我要用你，將來我的兒子（下一任皇帝）也要用你。這個時候康熙帝並不知道自己會御宇長達一甲子之久，但這一行動釋放出來的訊號是非常清晰的，陳廷敬成了天子信臣。他的品級也從正四品擢為正三品，進入清王朝高官之列。

康熙十五年，陳廷敬三十九歲，二月，因冊封太子，按照清朝典制要派遣十路使臣祭告五嶽、五鎮（東鎮沂山、南鎮會稽山、中鎮霍山、西鎮吳山、北鎮醫巫閭山），因為北鎮地處清朝的發祥地遼寧地區，特派詹事府的詹事前往，以示鄭重。所以大學士李霨還說：「北鎮之役，天子念豐鎬重地，秩祀大典，非文學禁近譽望夙孚之臣，不足以宣德意而和神人，故子端復受命以行，於是肅將天語，恪恭蕆事，逾月而旋，可謂畏此簡書不遑啟處者矣。」說明這時的陳廷敬已是康熙帝的「文學禁近」之臣，也是朝廷的「譽望夙孚」之臣。

九月初五，陳廷敬又轉任內閣學士兼禮部侍郎，接著又被任命兼任經筵講官。關於清朝內閣學士的官品，據《清史稿．職官志》記載：「初制，滿員二品，漢員三品。順治十五年，並改正五品，兼禮部侍郎者正三品。雍正八年，定從二品。後皆兼禮部侍郎銜。」故康熙時，內閣學士兼禮部侍郎仍是三品官。內閣學士的職責是，滿學士掌奏本章，漢學士掌批「題本」，康熙帝又特別規定：「學士乃參贊政事之官，如有所見，應行啟奏。」因此，陳廷敬在任內閣學士期間，除了負責批「題本」之外，還要「參贊政事」。他還兼任經筵講官，還必須在春秋兩季舉行「經筵」典禮上為皇帝講課，即向皇帝「敷宣經旨」，以求達到皇帝能夠「留心學問，勤求治理」之目的。自此以後，陳廷敬升遷各要職直到升任大學士，但仍兼充經筵講官。

康熙十六年，陳廷敬四十歲。正月，清廷決定「以內閣學士陳廷敬為翰林院掌院學士」，緊接著又決定「命翰林院掌院學士陳廷敬教習庶吉士」。至此，陳廷敬已身任翰林院掌院學士兼禮部侍郎、教習庶吉士、經筵講官和日講起居注官等要職。關於翰林院掌院學士的官品，清「初制正五品。順治元年升正三品。雍正八年升從二品」，故康熙時為正三品。翰林院的掌院學士是翰林院之首（滿、漢各一人），向來是由「夙具才幹」、「深通翰墨」的大臣來充任。此時除了熊賜履已經在兩年前被任命為武英殿大學士之外，同輩中人已經無出其右者。關於這點，在接下來的一年得到了證明。

康熙十七年，四十一歲的陳廷敬入值南書房。南書房設立於康熙十六年十月，是康熙帝讀書學習的書房，也是他為進一步集中皇權而設立的機要祕書機構。入值南書房的官員，一般被稱為「南書房行走」或「南書房翰林」。其任務，除了於皇帝講論學問之外，就是起草特頒詔旨。因此，陳廷敬入值南書房之後也就成了與皇帝朝夕相處並「掌王言」、「承顧問」的近臣。

據《聖祖實錄》載：康熙十七年七月二十八「召翰林院掌院學士陳廷敬、侍讀學士葉方藹入值南書房」。但據陳廷敬自己敘述，早在這一年閏三月，他就與在翰林院侍讀的王士禛一起，被召入值南書房二十八天。他說：

閏三月二十一日，予與侍讀王君貽上被召入直乾清宮之南殿，宮中所謂南書房者，侍讀學士張君敦復晨夕侍上之直房也。予與貽上入直二十有八日，而與敦復睹宸章之巍煥，仰天藻之昭回，見聖天子萬防燕閒，從容於文章翰墨之娛，而侍從之臣防恩寵而被清光，有歌頌所不能形容而言語所不能紀載者。遭逢此時，嗚呼盛已！

沒有正式任命就在南書房「入值」二十八天，是臨時性幫忙還是以「實習」的名義，不得而知。但從此段敘述中可以看出兩點：第一，從此時起，康熙帝便已做出了命他正式入值南書房的決定；第二，入值南書房，整日與皇帝「從容於文章翰墨之娛」，對一位大臣來說，是「蒙恩寵而被清光」的大事，所以陳廷敬才高興地喊出：「遭逢此時，嗚呼盛已！」自此之後，陳廷敬除因長輩治喪及特定年分外，每年都在南書房入值。特別是在張英致仕之後，他便奉命接替張英「總督南書房」。可見，陳廷敬此時已是恩寵極隆。但不幸的事發生了，陳廷敬的母親張氏這年因病逝世了。按制，陳廷敬需要返籍為母親丁憂守制。

康熙對陳廷敬十分器重，破除原來只有滿大臣有喪才派人賜茶酒的規定，特遣人往陳廷敬家賜茶酒。《康熙起居注》載：

諭大學士等：「滿大臣有喪，特遣大臣往賜茶酒。滿漢大臣具係一體。漢大臣有喪，亦應遣大臣往賜茶酒……翰林院掌院學士喇沙里、內閣學士屯泰、齎茶酒往賜翰林學院學士陳廷敬。」

《養吉齋叢錄》載：

國初，唯滿大臣之喪，遣官賜茶酒。漢大臣之喪，遣官賜茶酒，自康熙十七年始。……康熙間陳文貞廷敬有母喪，詔閣臣察前明實錄慰問例具聞。遣內閣學士屯泰、翰林院掌院學士喇沙里賚賜乳茶、挏酒。慰問之典，實始於此。

把滿漢大臣當作「一體」，符合康熙帝的「聯漢」思想和政策。但平等對待滿漢大臣的喪事，首先從陳廷敬身上開始，這就反映出康熙帝與陳廷敬之間的密切關係。不僅如此，當時「部議：廷敬母以詹事任封例不得與祭葬，上曰：『廷敬侍從勤勞，其母準以學士品級賜卹。』」一個三品漢官的母親「以學士品級賜卹」，這在當時也是非常特殊的。「準照滿族一品學士恩品級撫卹」，滿漢大臣撫卹同等由此開始。

康熙二十年十一月，陳廷敬守制期滿回京。丁憂前的全部官職得以恢復，並被封贈為通議大夫。此時正值三藩平定，朝廷亦正在用人之際，康熙帝對陳廷敬更加信任和器重。

康熙二十一年，陳廷敬仍任翰林院掌院學士、日講起居注官、經筵講官。這一年，他最主要的工作是為皇帝進講，達五十多次。

康熙二十三年正月，清廷又調陳廷敬為吏部左侍郎管右侍郎事。兩個月後，臨時任命陳廷敬與兵部侍郎阿蘭泰等人一起管理錢法。

陳廷敬先從鑄錢局入手。他親自監督，清除鑄錢過程中的浮收、冒領等積弊，消減銅耗量，節省工料。在整頓鑄錢的同時，他對造成錢貴銀賤的原因進行了調查，認為是奸宄不法之徒因厚利所誘，故鋌而走險，毀錢為銅，即便律令對毀錢者的懲罰很重，也不能禁止。為此，陳廷敬提出兩條建議：其一是減輕銅錢重量，其二是允許百姓開採銅礦。均得到朝廷採納並施行。

陳廷敬管理錢法不到半年，即被提升為都察院左都御史，仍兼管錢法。為繼續整頓錢法風紀，上任後不久，他便帶領有關錢法官員立誓，要求有關包攬辦銅人員力戒一切陋規。在此期間，陳廷敬態度嚴謹，措施適當，而且以身作則，用自己的廉潔作風影響著有關人員。

因都察院專司政府風紀，陳廷敬在任左都御史期間，除兼管錢法之外，基於他的利民、便民思想，在提倡廉政、整頓官風等方面，曾向皇帝提出了一系列建言。在社會治安方面，也採取了許多整頓措施。他建議皇帝從衣冠、輿馬、用具、婚喪之禮等處入手，整頓官吏奢華陋習，培養勤儉之風。為「振興吏治」、「官奉其職」，他建議「有未經考試遂行捐納者，於選除之時仍行考試，文義略曉者即與錄用，否則且令肄業，聽其再試。」陳廷敬認為，督撫要完成自己察吏安民的任務，首先自身要廉。所以他建議「皇上之考察督撫，則以潔己教吏，吏得一心養民、教民為稱職，否則罷黜治罪。」此外，他還上疏參劾雲南巡撫王繼文，揭發他趁雲南結束用兵之際，「虧損國課」、「侵沒餉銀」，請皇帝「敕部檢查」。後王繼文被罷官，「由是風紀整肅，中外大小吏莫不動神惶恐」。

康熙二十三年以來，京畿地區盜賊橫行，陳廷敬下決心治理。他先對北京城內的「地方民生利弊無不留心訪察」，親自撰寫〈嚴飭禁剔病民十大弊，以靖地方、以安民生事〉，作為都察院的堂示公布。所列舉的「十大弊」，既包括盜竊、抄搶等刑事犯罪，也包括賭博等社會陋俗和民事糾紛；既涉及民間犯罪，也涉及不良官風。尤其是對地方官吏的種種不法行為，堂示中揭示甚詳，從而釐清了北京城內盜賊橫行的根本原因。

陳廷敬任左都御史的同時，還兼任《聖訓》、《政治典訓》、《平定三逆方略》、《皇輿表》、《明史》、《大清一統志》總裁官，負擔頗重。儘管如此，他對待編纂工作，也多是親自鑽研，一絲不苟，常常和撰稿人員反覆研討、校對。

康熙二十五年到康熙二十七年，陳廷敬先後任工部尚書、戶部尚書、吏部尚書。在尚書任上，陳廷敬一如既往，政治清廉，工作務實。

任戶部尚書時，他要求屬下官吏一定要「無私欲」，且「業精於勤」。他身體力行，「正己以勉諸司」，並對部下以誠相待。

任吏部尚書時，他曾上疏康熙帝，對官吏補缺、舉人錄取等問題，提出諸多切合時弊的改進意見。

康熙二十七年，陳廷敬因親家張汧貪腐案，自請解任吏部尚書。

張汧案被揭發時，康熙帝曾當面詢問陳廷敬：「張汧居官何如？」廷敬回答道：「張汧係臣同鄉親戚，性行向來乖戾。」陳廷敬之心公德正，此言可鑑。解職期間，陳廷敬利用這難得的餘暇時間，寫成《杜律詩話》，並撰寫了許多文章。在為于成龍作傳時，他充分肯定了于成龍作為廉吏的高風亮節，也反映出他潔身自好、不與世濁的心態。

康熙二十九年二月，陳廷敬被重新任用，這表明張汧案對陳廷敬的影響已經過去，其仕途又進入了一個新的階段。

從康熙二十九年至康熙四十二年，陳廷敬的經歷和任職情況如下：康熙二十九年二月，再次任左都御史；兩個月後，再次任經筵講官；七月，轉任工部尚書。康熙三十年六月，轉任刑部尚書。康熙三十一年七月，因父親病故，回鄉守制。康熙三十三年十一月，轉任戶部尚書。康熙三十七年五月，復值南書房。次年十一月，又調任吏部尚書。陳廷敬自康熙三十一年以後任各部尚書期間，都享有正一品光祿大夫的封階。

在陳廷敬後半生近十四年的宦海生涯中，他更為勤謹事功，廉潔守正。他認為言官的建言有關民生利害，「臣思科、道之設，所以廣耳目而申獻納，於人才之邪正，吏治之貪廉，事關生民利害者，必正言無隱，而後克副斯職」。所以奏請康熙帝剪除言官陋習，以使言官，第一，遇有不法者，「則當切實指陳」，不得只「毛舉細故」、「欲以塞責了事」；第二，「凡有建白，不許預聞於堂官僚友」，並杜絕他人「請謁」，以防「囑託之弊」；第三，言官「言不輕發，發而必當」；第四，有些官吏上疏進言，「冗長之詞多，論事之言反少」，「章疏拉雜，閒文冗沓繁蕪」，今後「進言之體，貴乎簡明」。

任左都御史期間，陳廷敬以向皇帝「進言為己任」，積極推薦既賢且廉的官吏。靈壽縣縣令陸隴、清苑縣縣令邵嗣堯經他推舉「擢為御史」後，有人質疑邵嗣堯這樣的剛毅之人「易折且多怨，恐及公」。他回答說：「果賢與，雖折且怨，庸何傷。」

任刑部尚書期間，陳廷敬提出了「刑官之要」四條：一要「格非心」，匡正一切邪念，嚴禁「枉法行私，招搖納賄」；二要「審律例」，凡大小案件都要依律執行；三要「清堂規」，「堂上必須清肅」；四要「懲猾吏」，嚴禁差役橫行，嚴禁吏卒嚇詐、虐索，嚴禁欺辱女犯，嚴禁贓罰錯漏，嚴禁號件遺漏。

陳廷敬從「民本」的思想出發，重視對百姓施以教化。曾重新刊刻《小兒語》和《宗約歌》，勸人知法守法，讀來通俗易懂。

復任戶部尚書的五年中，他堅持務實精神，政績顯著。姜宸英曾評論說：「其……務以省費節用，藏富於民，而為國家千萬年根本之計。」他積極協助康熙帝推行「蠲免賑濟」政策，對因自然災害或戰爭波及的山東、河南、安徽、江蘇、浙江等省分的經濟復甦和重建發揮了關鍵性的作用。

陳廷敬為官一生，廉潔奉公，小心謹慎。可用清、慎、勤三字來概括。所謂清，即清明廉潔；所謂慎，是指其為官謹慎小心，待人處世上「老成、寬大」，政治生活上「慎守無過」；所謂勤，是指他為官勤奮，極為敬業。康熙四十二年四月，康熙任命陳廷敬為文淵閣大學士兼吏部尚書。他成為清朝文官中的最高級官吏，日常工作也變得更加忙碌和緊張。除了處理政務之外，他仍兼任南書房總管，編書任務十分繁重。在任大學士的九年間，他先後主持纂修《明史》、《平定朔漠方略》、《玉牒》、《佩文韻府》、《康熙字典》等多部重要圖書典籍。

康熙四十九年，陳廷敬「以原官致仕」，但仍留住北京，繼續修書。

康熙五十年，大學士張玉書隨皇帝巡視熱河途中因病逝世，年已七十三歲的陳廷敬奉諭第二次入閣任大學士。

康熙五十一年二月，以耄耋之年繼續在內閣辦事的陳廷敬終於積勞成疾，臥病不起，經兩個多月的治療，於四月十九病逝於北京宅邸。

陳廷敬逝世後，康熙帝作輓詩悼念：「世傳詩賦重，名在獨遺榮。去歲傷元輔，連年痛大羹。朝恩葵衷勵，國典玉衡平。儒雅空階嘆，長嗟光潤生。」並予以隆重祭奠，諡號文貞。

另，陳廷敬自考中進士並被選為庶吉士後，便走上了當官兼治學的道路。他不僅為官清正廉明，治學上亦嚴謹勤奮，造詣深厚。

陳廷敬之所以致力於學問，最根本的，是他自己的人生價值取向。在他看來，既要為官，就必須堅持「以民為本」、「力行教化」、「厘剔夙弊」，為國富民強殫精竭慮。而要達此目的，為官者必須深研經史。也就是說，他的治學是要「探六藝之祕微」，「索乎歷代盛衰之故」，以「備國家異時之實用」。

無論是做人、為官、治學，陳廷敬正如其名字中的「廷敬」二字，真正是敬於廷，而事於功。

清德立身

一、鶯啼燕語報新年

西元一六三八年，這是一個在整個世界歷史上並沒有什麼重要事情發生的年分。

勉強來說，從世界的角度來看，伽利略在這一年出版了被後世稱為第一部材料力學的著作《關於兩門新科學的對話》，對這本書的肯定其實只是為了嘉獎伽利略的創新和勇氣，因為書中對於梁內應力分布的研究還很不成熟。在日本，已經適應了統治者身分的德川幕府開始對信奉天主教義的切支丹教徒嚴酷迫害，短短幾年內，採用燒死、殺死、賜死的方式處決的教徒達到一萬餘人。於是十六歲的俊美少年天草時貞帶領一部分以前的家臣和教徒起義，「島原之亂」在這一年內爆發，但起義最終在德川幕府的全力鎮壓下以失敗告終，天草時貞不願被俘受辱，便切腹自盡，他的首級被割掉送到京都六條河原示眾。「太陽王」路易十四在這一年誕生，如果當時的人們知道這個在位時間長達七十二年的君主，在他實行了絕對君權制後，使得法國成為當時的歐洲霸主的話，他們一定會更加重視這一年。可惜他出生的時候父親路易十三仍然身體健康，在當時名聲更大的是樞機主教黎希留，路易十四嶄露頭角還要在幾十年後。

從中國的角度來看，其實情況有些類似，這一年歲在戊寅，是崇禎十一年，也是皇太極登基建立大清國、稱帝之後的第三年，年號是崇德。這一年當中也發生了很多大事，諸如：李自成兵敗，僅餘十七人跟隨逃入山中；張獻忠投降，當然不久之後他又再次反叛，這次只是假投降；清軍破關，再次進逼京師，但因為從崇禎二年開始這已經是清軍第四次突破長城防禦系統了，所以雖然大家很緊張，但好像漸漸地也就麻木了；年末歲初盧象昇戰敗死了，孫承宗在高陽艱難抵抗後舉家殉國，這麼重要的死亡事件放在明末這段歷史中，卻沒有什麼意義，因為五年後孫傳庭戰死了，「傳庭死，而明亡矣」，對於明朝來說，這件事好像更重要。整個國家處在內憂外患、動盪不安的處境中，但好在，一切都還在向前發展。在之後不久的時間裡，闖王入京，崇禎自縊，清軍入關，對歷史來講這些時間點好像更重要一點。與此相比，西元一六三八年還算平淡。

這一年的十一月快到月底的時候，在山西南邊澤州阜陽城的中道莊，當地大族陳氏家族的家主陳昌期默然獨坐在後宅堂屋的太師椅上，院落裡很安靜，這對他來說很罕見。平時他更喜歡在自家的莊子上走動，一個是族規規定家中子弟不得遠離稼穡之事，另一個是現今天下不太平，旁邊的河南、陝西「民亂」此起彼伏，大大小小的盜匪、義軍團多如牛毛，時不時就會有人來打秋風，要多加留意。陳氏家族從陳靠起到現在已經傳了八代，不能說累世簪纓，但也稱得上是地方大族，日常往來都是天官王府、西文柳家和湘峪孫家這樣的上流世家，「圈子」十分高級。樹大招風，所以一些地方事務不可避免地會找上門來。原本家中這一輩最有成就的是陳昌期的哥哥陳昌言，但陳昌言常年在外當官，身為族長的他就只好出面，四處應酬。這些繁瑣事務在身，時間被牢牢占據，陳昌期已經很久沒有像今天這樣安安靜靜地坐著了。但他並不享受這獨處的時光，雖說也還守著「君子慎獨」風度，可微微顫抖的衣袖，不時抬眼望向屋外的舉動，都表明他的心不靜。

忽然外面一時嘈雜，陳昌期眼皮顫動，快速站起身來，然後又慢慢坐了回去。管家已經快步走了進來，進屋就是雙手拱拳，滿臉喜色地說道：「恭喜老爺，巳時三刻夫人誕下麟兒，重七斤六兩，母子平安。」陳昌期沉穩地點點頭，回道：「傳下去，穩婆得力，賞銀一兩，衣服一身。」管家應「是」。陳昌期咳嗽一聲，起身向外走去，他要去看看剛出生的兒子，雖說君子抱孫不抱子，但這是他的長子，陳昌期對他抱有無限的期待。

正暢想著自己的兒子將來風光無限，嘴角都揚起的陳昌期，猛然被一個小孩撞入懷中，回過神來的陳昌期耳朵都快被小傢伙的呼喊聲塞滿了：「叔父，叔父，我是不是有弟弟了？是弟弟還是妹妹啊？他長得好不好看？我能不能去看看他啊？」他低頭看著笑得合不攏嘴的小孩子，這是他兄長陳昌言的兒子，今年六歲，名叫陳元。陳昌期說道：「我正要去看你弟弟，跟我一起去吧。」小男孩大聲說好，拉住陳昌期的手快步向前，甚至幾次一用力，險些把陳昌期的身子拉歪。

陳昌期穩了穩，一邊走一邊對陳元說：「元兒，有了弟弟這麼高興啊？」

陳元頭也不回地說道：「當然高興了啊，為什麼會不高興？」

陳昌期說：「當然要高興，可是高興和高興也是有不同的。」

小陳元「哦」了一聲，奇怪地問道：「我有了弟弟高興，怎麼還有不同？」

陳昌期說：「你是為有了弟弟高興，我是為了你為有了弟弟高興而高興。」

陳元聽不太懂，向前走的腳步都放慢了，回頭看向陳昌期：「叔父，這麼說，你不為弟弟高興，反而為我高興？」

陳昌期搖搖頭說：「我為他高興，也為你高興。」

陳元抓了抓頭，甚至停下了腳步說：「我聽不懂。」

陳昌期也停了下來，溫和而又嚴肅地對著自己的姪子說道：「因為你們是兄弟。你今天表現出來的兄弟之情，讓我想到了我和你父親之間的感情，兄弟鬩於牆而外御其辱，兄弟同心，其利斷金。」

陳元恍然大悟，咧嘴笑著說：「叔父說的是這個意思啊，哈哈，這個道理父親早就跟我說過了。」

陳昌期點點頭，拉著陳元再次邁步：「嗯，是啊，兄長之能十倍於我，這樣的道理肯定早就教導過你了。」

陳元呵呵樂著繼續一竄一竄地向前走：「可是，我高興才不是因為這些道理呢！」

陳昌期問道：「哦？那是為何？」

陳元大聲回答：「我就是為我有了一個弟弟而高興，發自內心的高興。」

陳昌期哈哈大笑，陳元也跟著大聲笑了起來，可是他只是稚童，身體還未長成，這般大笑不久就嗆住了氣開始咳嗽，小小的身子都縮了起來。陳昌期一驚，連忙輕拍他的後背，等陳元停止咳嗽，開始喘粗氣後，便把他抱起來向前走。

陳元在陳昌期懷中連喘了好幾口長氣後，又按捺不住要陳昌期放他下來，陳昌期牢牢抱著他不鬆手，陳元也就安靜下來，卻又開口說道：「叔父？」

陳昌期：「嗯？」

陳元：「今年是寅年，寅虎卯兔，弟弟是不是就是傳說中的虎子？」

陳昌期愣了愣，突然再次大笑起來，對著不遠處回來復命的管家說道：「今晚開始，宴開十日。家中上下、莊中賓客、內外僮僕並鄉親村鄰悉皆不論，席開流水，灶火不息。另外發帖子給王家、柳家和孫家，邀請他們參加我家虎子的百歲宴。」

「虎子」此時正被自己的母親抱在懷中，昏昏沉沉地不知世間艱辛地憨睡著。說起來世上兒童誕生日都是母親的受難日，陳夫人張氏出身書香門第，出嫁的又是陽城陳氏這樣的地方大族，理論上身體應該是嬌滴滴的，這又是第一胎，生育對她本該是個難纏的事情，甚至可能變成「鬼門關」，可是怪就怪在這次生育無比順利，前後不到一個時辰，小娃兒瓜熟蒂落。張氏捧著這個小孩，有些蒼白的臉上滿是慈愛，忽然看見兒子嘴角流出一絲口水，不禁微笑起來，過往所學詩篇中「棘心夭夭，母氏劬勞」、「慈母抱兒怕入席，那暇更護雞窠雛」的句子現在忽然間就「懂」了。

陳夫人張氏的名字究竟叫什麼不可考，斑斑史書之上留下名字的女子寥寥無幾，這當然是與文化傳統相關，但究其根本，是女子的勞動能力不足造成的。任何系統必然是符合最基礎的需求與供給的關係，所謂經濟基礎決定上層建築就是這個道理。

因為不需要參加社會勞動，所以女子的活動範圍也就被局限在小家庭之中，甚至在最後漸漸地演化出「女子無才便是德」這樣的泛化到精神層面的所謂「規矩」。但既然這一切的根本是「生產力」的問題，那麼必然伴隨著兩個現象：一個是「純粹的」生產力進步最終會讓「人」的價值不止局限在「體力」，而是更為豐富地展現在各種「能力」中，於是讓「性別」帶來的區別越來越小，最終無限接近平衡，也就是「男女平等」；另一個就是「制度」必然落後於「現實」，呈現在歷史上，就越文明的歷史，女子的地位就越高，參與的社會活動就越豐富，漢朝女子強悍是這樣，唐朝女子強大也是這樣，到宋朝儘管已經有了所謂的「理學」，但在當時女子的社會地位也還是相當自由的。可惜的是，陳夫人張氏所處的年代，幾乎到了封建文明最成熟的時期，無論是生產力還是整體的「制度」，都已經足以為所有女性套上「完美」的枷鎖，在當時絕大多數的家庭中，女子的生活空間已經被規定得非常清晰：生育、哺育、撫育，繁衍成為她們最重要甚至幾乎是唯一的使命。

但陳夫人張氏有點特殊，她不但識字，而且能讀書。

在現代人的眼中，讀書、識字是同一件事，但在明清之際，這中間是有很大的區別的：識字，僅僅只是認識字。可認識字，不一定能認得對；認對字，不一定知道意思；明白字的意思，不一定能講得清字的來歷；能講清字的來歷，不一定搞得懂字的爭議。要把這些差不多都搞清楚了，才有資格去讀書。而讀書也不僅僅止於「字」，就好像「句讀」表面上看是斷句問題，實際上卻是理解問題一樣，讀書實際上是古代一切精神活動的代稱，是「形而上」的。而閱讀經典，就是讀書的最基礎、也是最明確的途徑。史載：因為張氏「少而穎慧特異」，洪翼「奇愛之」，便親自教授她「四子、《通鑑》及《列女傳》諸書」，她「無不背誦，通曉大義，能文工書，道如經生」。

果然，像幾乎所有的「良母」模板一樣，在介紹陳夫人張氏的文章中，提到張氏為什麼會有這樣的能力的時候，大家說「張氏出身書香門第」。這當然是張氏能讀書、會讀書的先決條件，毋庸置疑，但這句話有點偷懶了，或者說這是一種「倖存者偏差」—— 能夠成為賢妻良母的古代女性，讀書識字是前提，因為若非如此不能「明理」，但這些只是附加條件（畢竟還是有著例外，一些沒讀過書的傑出女性即使憑藉著樸素的本能也可以成為這樣的人），而不是必要條件。不是所有出身「書香門第」的女子都可以成為賢妻良母的。某種程度上，書香門第本身是有分層次的，不是讀過書，可以讀書，習慣於讀書的家族就都是書香門第。所謂「門第」，原始意義就是大門和子弟，其中大門表示的是整個家族的層次位置，子弟指的是殿試中進士的身分，也就是「進士及第」中的「第」。這本來是曾經的那些「世家大族」才可以使用的身分，後來隨著科舉制度的不斷完善，大量曾經出於社會底層的「寒門子弟」透過科舉完成了身分地位的提升，並遺澤後世，形成了新的大大小小的家族，於是在名稱上也要「僭越」，日常也自詡「門第」。這樣的風氣漸漸盛行，民間也就統稱讀過書、中過舉、當過官的人家為「書香門第」，甚至到後來有錢人家供養子弟讀書，即使數代未曾出過金榜題名的子弟，但鄉親們也會用這個詞語來稱呼他們。後來甚至泛化到有「族學」的家族在周圍人眼中就都是「書香門第」了。

當然，也有人不這樣認為。在《清稗類鈔》中有這樣一個故事：三人相見，互相介紹，均稱世家子弟，可是其中一人在介紹了自己的家世後，另外兩人就笑而不語了，他惶然不已，最後匆匆離去。他離開後，剩下的兩人相視一笑，一個說祖上無堂，何敢稱世家，另一個贊同道，三世不第，也敢說書香。意思就是祖上不是望族，甚至沒有「堂號」流傳於世，並且已經好幾代人都沒有取得功名，這樣的家族是不能稱之為「書香門第」的。

張氏的祖父是萬曆年間的進士張之屏，查看張之屏的履歷可以知道，他的祖父就已經讀書有所成，擔任過「王府教授」。這是一個宋代開始設置的官職，掌教訓王者子弟，《宋史．職官志》中解釋說是為「親王」設置的。張之屏的父親張知本沒有什麼歷史性成就，但曾經當過「壽官」。這是一個「榮銜」，獎勵「德行著聞，為鄉里所敬服者」，只有官帽官服，沒有爵位。受賜年齡最初為百歲，到萬曆以後降為七十歲。只在恩詔頒布時才得以賜給，整個明朝三百多年裡僅授過十九次。反過來看，張之屏的父親張知本雖然沒當過官，但在民間有著相當大的影響力，在那個時代，有這樣的影響力雖然擺脫不了「財富因素」，但知書識禮是重要原因。這樣第三代的張之屏能「山西鄉試第二十名，後參加會試第一百六十八名。萬曆二年，登進士第二甲第四十名」，「累官陝西商洛道左參政」就不無根由。張之屏是進士，他的兒子，張氏的父親張洪翼稍遜一籌，沒能當上進士，但也考中了舉人。千萬不要小看「舉人」，明制舉人可免役免賦，也可以當官，《儒林外史》中的名篇〈范進中舉〉生動地描寫了普通人中舉後的瘋狂，間接反映了「舉人」身分的價值。張洪翼還擔任過直隸威縣知縣。所以張氏祖上兩代都讀過書，做過官，雖然在嚴格意義上還稱不上「門第」，但在明中後期的歷史環境下，就被冠上了「書香門第」的說法了。但請注意，我們這裡一直在說的一個關鍵，是「意識」：並不是所有的被稱為「書香門第」的家庭都能夠意識到對子女，尤其是對女兒教育的重要性，明朝「程朱理學」已經融入到社會生活的各個層面，能夠意識到教育女性後代的重要性的，基本上是意識到這樣的教育背後的「價值」—— 沒有收益的付出，憑藉理想可以堅持，但想要擴大或者說普及是絕無可能的，也是違背「人性」的。因此我們可以明白，數量眾多的「大家族」對「女兒」進行知識教育，根本原因還是「有利可圖」，利在何處呢？

便是「下一代」。

岳母刺字，姑且不說這個傳說中的「精神意涵」問題，只談論一點，岳母本身要「識字」。畫荻教子，歐陽脩的母親也要「識字」才能做到。可見在家族繼承人培養方面，擁有一個可以直接啟蒙孩子的母親是多麼重要。反之，因為沒有足夠的「理性」或者說「智慧」，而沒有把下一代教育好的情況也屢見不鮮。《紅樓夢》當中的「賈環」之所以人見人嫌，與「趙姨娘」小戶出身直接相關，以至於曹雪芹直接說「失恃長女，不可為家門大婦」。因為張氏讀書博學，便承擔起對兒子（當時尚名敬，後更名廷敬，這裡稱「廷敬」是敘述方便使然）的啟蒙教育，故廷敬「尚未就外傅，凡四子書、毛詩皆太夫人（張氏）口授以誦」。特別應該提到的是，張氏教育子女比丈夫陳昌期還要嚴格。廷敬未請塾師教授之前，張氏對他口授；有了塾師之後，每次放學，張氏「必篝燈督課之，與塾師不少異」。

張氏看著懷中的孩子，憧憬著他的未來。在這個中原朝廷搖搖欲墜，眼看著就要改朝換代的亂世，能夠平安成長才是最重要的。所謂「亂世之際，人不如狗」，雖然陳氏家族在當地是大族，平日還算安穩，可是派系不穩帶來的制度崩潰，以及必然引起的規則失效，讓此時的中原大地上各處都以「暴力為王」，誰手中有力量，誰就可以行使自己的欲望。讀過書的張氏比普通人家更理解這個世界的本質，保平安在這個時候其實就是最「奢侈」的願望了。

「唯願吾兒愚且魯，無災無病到公卿。」到公卿先不考慮，希望吾兒無災無病則是實情。天下母親大概心同此理。在這一年的正月，其實另有一個參與歷史，甚至改變歷史的人物也誕生了，他的母親和張氏一樣，希望自己的兒子能夠無災無病地成長。但是她對兒子的期望和張氏卻又不同，所謂的「到公卿」對他的兒子來說不是什麼善禱善頌，反而更像是詛咒。她姓博爾濟吉特，這個兒子姓愛新覺羅，假如最終這個孩子只是「到公卿」，那就意味著兒子在複雜的鬥爭環境中並不是最後的勝利者，在這群姓愛新覺羅的孩子中，必然會有一個走上那個最高的位置。反正要有一個勝利者，為什麼不能是我的兒子呢？博爾濟吉特氏這樣想著，她看著眼前的孩子，還是有著母親的慈愛，但似乎還有一些其他什麼隱藏其中。

但這個小愛新覺羅在他的嬰兒期和其他的人類小孩一樣，睡了吃，吃了睡，嚎啕大哭，呼喊排泄，並不知道自己的名字，將來會被寫進歷史當中，雖然短暫，但不可輕視。

他叫福臨。

他還有另一個更廣為人知的稱呼 —— 順治。

就這樣，在這一年，清朝的第三代皇帝愛新覺羅．福臨和我們的主角陳廷敬分別在年初和年尾降生。當時他們還不知道，在不遠的將來，彼此之間會產生一些糾葛，這些糾葛放在世界歷史當中連漣漪都算不上，但歷史的塵埃，落到一個人身上也會變成一座山，陳廷敬會因此遭受到很大的挫折，可是這甚至算不上是福臨的無心之失，只是純粹的波折連帶而已。

但無論如何，講述陳廷敬，總是要從這一年開始的。

二、學以致用

陳廷敬身為清初漢臣，能夠與「千古一帝」康熙帝以君臣之禮善始善終，並且歷任五部尚書，擔任多部字書編纂官、總纂官，毫無疑問他是個聰明人。聰明，是智商高的意思。說到智商高，歷史上很多名人軼事都喜歡強調這個，比方說劉伯溫、紀曉嵐，要不然就是在民間傳說中會賦予他們特別高的地位，比方說阿凡提。這裡我們要說的聰明是指可被量化的「聰明」，這一點，從設立科考制度之後，天下的讀書人就都有了「硬性指標」。

察舉制作為科舉制之前的選才制度，有著巨大的缺陷，那就是「主觀性」完全掩蓋掉了「客觀性」，換言之就是完全由「人」說了算。大家都知道絕對的權力會導致絕對的腐敗，這樣的制度為權力尋私提供了天然的便利。並且，察舉制還有另一個隱藏的危險，那就是「裙帶」與「階層固化」，這就不難理解為什麼陳群制定了「九品中正制」之後，就有了「上品無寒門」的現象。科舉制則不同，拋開皇權與世家之間的政治角力這些因素，只說科舉本身對人的基本素養的考察：能夠帖經，那麼起碼記憶力過關；能夠墨義，那麼就要有相對廣泛的閱讀量；能夠詩賦，那麼基本的邏輯能力和基本的想像力就不用擔心了；能夠策論，那麼便具備了基本的分析能力和相對突出的綜合能力。

當然，這也不是絕對的，並不是說考試成績就直接代表了一個考生的智商或者知識水準，更不可能就此決定一個官員最終的成績。張又新、崔元翰、孟宋獻、陳繼昌的名字誰有印象？他們都是連中三元的天才，這樣的天才歷史上一共只出現過十餘人，但我們還是記不住他們，就是因為和同時代那些更傑出的人才相比，他們的影響力更小，取得的成績不突出。接下來我們來看看陳廷敬的讀書生涯。

陳廷敬出生時，陳夫人張氏就已經決定要盡自己所能教好這個孩子，更何況家中的人都在讀書：夫君讀書，大伯讀書，小叔讀書，大姪子同樣讀書，並且大家都還讀得不錯。丈夫陳昌期對經學的研究很深，還主張學以致用，日常坐臥都有講究，家業也因此被打理得蒸蒸日上；大伯陳昌言更是考取了進士，此時已經在外當官，時時來信，附帶著新作的詩句和文章，引人入勝；小叔昌齊端方賢良，讀書不求速度，但求精解，學問非常扎實，雖然最近身體不太好，但仍手不釋卷；大姪子陳元是個天才，剛剛開蒙就日誦千言，把啟蒙老師嚇了一跳，真希望敬兒以後也能像元兒一樣這麼聰明啊！

決定了，明天起就教他讀書。

晚上，張氏把這個想法告訴了丈夫陳昌期。

昌期有些哭笑不得，「哪裡有教剛出生的孩子讀書的道理？更何況，妳教他，他也聽不懂啊，不是嗎？」

張氏此時雖然已經生了孩子，但歲數其實不大，仍是少女的性格，聞言嘟著嘴唇，半是玩笑半是認真地說道：「可是我擔心他將來比不上元兒，就想早點讓他讀書。」

昌期臉色微微變了一下：「元兒也不過剛啟蒙，你緊張什麼？」

張氏看看昌期的臉色，撇撇嘴：「沒緊張什麼。」說完翻身睡去。

昌期看著張氏的後背，沉吟了一下，也不再說話，熄燈上床。

張氏卻沒睡著，黑暗中聽著丈夫逐漸細沉的呼吸，她心中思索著剛剛的想法，下定決心，就這麼辦。

君子講究抱孫不抱子，所以陳昌期不太關注嬰兒期的兒子，並且隨著天氣越來越涼，三弟昌齊的嘔血症也越來越嚴重了，他身為家長，緊張卻又無能為力，他唯一能做的便是經常去探望，因此大部分時間陳昌期都是在三弟那邊。

張氏從乳母手中接過陳廷敬，示意乳母出門去。剛吃飽的陳廷敬已經睡著了，張氏抱著他，輕輕哼起歌謠來。還沒跨出屋門的乳母本來滿臉笑容，但聽了張氏哼的歌謠後，臉色變得有點古怪。

張氏哼著的，不是當地的曲調或者兒歌，而是〈關關雎鳩〉:「關關雎鳩，在河之洲，窈窕淑女，君子好逑。」

詩歌詩歌，詩以言志，歌以言情，以前的詩都是能唱的，古樸的歌詞在張氏的低聲哼唱中別有一番韻味，可是乳母卻覺得奇怪：這主家的張娘子，唱的歌好怪啊！

《午亭文編》記載:「廷敬尚未就外傅，凡四子書、毛詩皆太夫人口授以誦。」這裡說的「四子書」，就是《大學》、《中庸》、《論語》、《孟子》，而這裡說的「毛詩」，指的是毛亨、毛萇編纂注釋的《詩經》，因為後來魯、韓、齊注釋的《詩經》已經完全不傳於世，所以所謂的「毛詩」其實就是我們現在所熟知的《詩經》。

有過幼兒教育經歷的朋友們會知道，小孩子小的時候聽到過的文章和詩詞即使後來不能清晰地背誦出來，但稍加複習，便能輕鬆背誦出來，這就是胎教和幼教的益處。陳廷敬後來展現出來的對詩詞的敏感，某種程度上應該與小時候張夫人唱給他聽的詩詞歌謠息息相關。

崇禎十六年，這一年距離崇禎煤山自縊、明王朝終結只剩一年。這一年陳廷敬六歲，母親張氏認為這個時候陳廷敬已經具備了可以開始讀書的基礎，也就是說現在陳廷敬的基本邏輯思維和感知與歸納能力已經建立，於是陳昌期親自安排，請了一位老師為陳廷敬進行真正的啟蒙。

此時的陳家已經感受到了王朝末期的氣息，地方上的動蕩漣漪讓昌期不能總在家中坐鎮，但他對下一代的培養卻從未鬆懈。在陳廷敬入學啟蒙之前，家中私塾中表現最突出的，是他的堂哥陳元。

陳廷敬和陳元兄弟倆關係十分好，對陳廷敬來說，堂哥陳元不僅是玩伴與親人，更是自己課業上的榜樣。因為他已經在母親的教育下明白了詩詞文章的美感和力量，所以才能清楚地感受到被家中所有人，包括被老師稱讚的陳元在讀書方面是多麼厲害。陳元幼時就非常聰穎，他的父親昌言在家的時間雖然短，但對他的啟蒙教育做得很好，之後昌期也對陳元進行了非常嚴格的督促，等到陳廷敬六歲開始讀書的時候，陳元已經可以開筆作文章了。大家知道，文章千古事，又有話說叫做「文以載道」，文章的創作對思考邏輯有更高的要求。但話說回來，在傳統文化當中，詩詞是更偏重個人天賦的領域。也就是說，相對於作文來說，作詩更重視天賦；相對於作詩，作文更重視功夫。

在家塾中老師王先生對陳廷敬進行的是基礎的文字教育，也就是老師唸一句，陳廷敬跟著唸一句，以此學習認字，並且進行初步的斷句和理解。但好學而又想與堂兄比試的陳廷敬，卻會跟著陳元學習寫文章。

其實，在陳廷敬的心中，越是跟著陳元寫，他就越有點沮喪，因為陳元的文章寫得太好了。《陽城縣志》中這樣描述陳元：「博覽古人傳記，奇詭之文，目不再涉而談論娓娓；下筆如風起泉湧，千萬言頃刻立就。」六歲的陳廷敬為什麼能在如此壓力之下還堅持讀書呢？因為張氏啊！「於家政稍暇，即出書籍，憑幾莊誦，非丙夜不歸寢，經生好學者亦無以加也。」這是身教，每天一有時間，張氏就會讀書。而且，她不但自己讀，每次廷敬放學，張氏「必篝燈督課之，與塾師不少異」，她還監督著陳廷敬讀。

於是陳廷敬只能咬著牙向著心中的天才追趕，這也是他在學生時期能痛下苦功的重要原因。

因為陳廷敬跟著陳元學習作文，因此他在正式讀書的第二年，自身的興趣就已經逐漸集中在偏重「說理」的文章上。陳廷敬的閱讀興趣明顯不像個初讀書的蒙童，更不像個孩子，他已經對哲學、對文學理論開始有了興趣。「吾六七歲從塾師受句讀，見左氏尚書傳喜而竊誦之，雖訶其不急，弗顧也。後每見古文輒喜誦之家故多書……乃盡發其新舊書得縱觀焉。」也就是在這一年，他遇到了薛瑄。

大學士李光地在〈說巖陳公墓誌銘〉中是這樣說的：「公生有異秉，九歲嘗賦牡丹，有『要使物皆春』之句，聞者已驚其度。博涉經史，愛河津薛文清《讀書錄》，所得尤多。」李光地這段話，說了兩個意思：其一是說陳廷敬自幼就有作詩、治學的天賦；其二，也是主要的，是說他受明末學者薛瑄的影響。不僅李光地是這樣說的，陳廷敬自己是這樣說的，很多熟悉他的人也是這樣說。

姜宸英在〈大司農陳公壽宴序〉中寫道：「公自志學，即以聖賢自期，得心法於其鄉薛文清公《讀書錄》。」林佶人也說：「作為詩古文詞，其標準一以河津為的。」可見，陳廷敬走上治學的道路，與他少年時閱讀薛瑄的著作息息相關。

薛瑄（西元一八三九至一四六四年），字德溫，號敬軒。河東河津（今山西運城）人。明代著名思想家、理學家、文學家，河東學派的創始人，世稱「薛河東」。

薛瑄為永樂十九年進士，官至通議大夫、禮部左侍郎兼翰林院學士。天順八年去世，贈資善大夫、禮部尚書，諡號文清，故後世稱其為「薛文清」。隆慶五年，從祀孔廟。

繼曹端之後，薛瑄在北方開創了「河東之學」，門徒遍及山西、河南、關隴一帶，蔚為大宗。其學傳至明中期，又形成以呂大鈞兄弟為主的「關中之學」，其勢「幾與陽明中分其感」。清人視薛學為朱學傳宗，稱之為「明初理學之冠」、「開明代道學之基」。高攀龍認為，有明一代，學脈有二：一是南方的陽明之學，一是北方的薛瑄朱學。可見其影響之大。其著作集有《薛文清公全集》四十六卷。

陳廷敬的家鄉陽城正是薛瑄思想傳播的核心區域。他成為信徒並不奇怪，奇怪的是，廷敬一生的作為，包括他的文章，卻並沒有什麼薛瑄的影子。據《午亭山人年譜》記載：陳廷敬「康熙元年……得河津薛文清公之書，專心洛閩之學。」研究薛瑄是他幼年的夙願，加之後來又在庶常館學習經學，所以很容易取得成果。

從一些有關資料來看，陳廷敬的《困學緒言若干則》、〈蓍卦賦〉、〈河圖洛書賦〉、《伏羲先天策數本河圖中五解》等研究經學的作品，可能在此時就已成稿，或者是此時已有了初稿，後來又修改而成。

洛學，就是二程的學說；閩學，是朱熹的學說。說來說去，還是在說陳廷敬一生的學問與理學有關。

說到這裡，我們澄清幾個概念：儒學，經學，樸學，實學。

儒學實際上並不是一個精確的學術概念，或者說因為儒學長期以來一直處於思想領域的主導地位，所以有很多其他的學問改頭換面加入了儒學。因此到了清朝，儒學已經成為一個綜合性的概念，幾乎整個文字及思想領域的學問都可以放到這個概念裡。

經學也是類似，在不斷外延其邊界。只看最初的經典只有五部（即所謂「五經」），然後六部、九部，之後十二部，直到最後的十三部——所謂「十三經」的提法就是這麼來

的 —— 就可以看到經學外擴的態勢，更何況還有各朝各代、各家各派對經典的解讀。因此到了後來，經典及其解讀也洋洋灑灑，蔚為大觀。

這時，就有人提出要「重讀經典」，「重拾經典」。隨之便發展出了最根本的針對古代儒家經典的學問，這就成了一門專門考據治經的學問，稱為「樸學」。講究資料的收集和證據的羅列，上承漢儒，主張無徵不信 —— 沒有確切的出處就不主張。狹義地說，陳廷敬一再宣稱自己研究的，就是這門學問。

但是，一切歷史都是當代史。

清朝因為「以小族臨大國」，所以對思想方面的東西管得極嚴。這直接導致清朝從前期開始就在學問方面極不自由，而當幾次大規模的「文字獄」發生之後，整個學術界就更是「萬馬齊喑」。

為了不觸怒當權者，大家把精力都投入到了不會出問題的考據訓詁學上。文人愛面子，稱之為繼承北宋的實體達用之學，命名為「實學」。不過，在清初，實學最初面世時，是抱著革新儒學的目的的。

看看它的代表人物：顧炎武、黃宗羲、王夫之。再看看它的核心宗旨 —— 經世致用，要史學經世，明經致用 —— 就是要知道它是要做什麼的。就是說，學問必須有用於國事。

它主要針對的對象，就是程朱理學和陽明心學，「實學」家們認為這些學術空泛而且無用。不過實學和樸學之間的定位有重疊的地方，都認為顧炎武是其代表人物。但有一點是毋庸置疑的：清初，山西是這方面的學術重鎮。

陳廷敬為什麼會對實學這麼感興趣呢？

關鍵在於這個特殊的時期。

易代啊！

這次的朝代更替與之前的朝代更替稍有區別。此時天下人都知道大明朝會完蛋，但不清楚的是，究竟誰會代替大明朝成為天下共主？

崇禎十一年，明朝帝國內部的義軍已經糜爛了一半的江山，而關外的女真已經數次突入邊牆。就像是兩匹狼在爭搶一塊肥肉。身為肥肉，百姓們知道肯定是要被狼吃了，但究竟會落到哪匹狼的嘴裡，決定權不在肉，而在狼。那些升斗小民可能還會對狼有所偏好。「吃他娘，著她娘，吃著不夠有闖王」，「闖王來了不納糧」，有人還期待著闖王來了會有好日子過。但這些掌握了更多財富，也掌握了更多消息的所謂「既得利益者」，誰又不明白，狼，怎麼會不吃肉！

陳氏家族從崇禎五年開始修築防禦性堡壘河山樓，一個關鍵的原因就是為了防止「流賊」。到中道莊城修建完畢，整個家族的居住地成為一個大堡壘，前後十二年，經歷大小二十餘次的「賊圍」、「賊經」、「賊攻」。前前後後不停有義軍經過，圍困，攻打，試圖占據他們的家，搶奪他們的糧食，掠奪他們的人口，殺掉他們的領頭人。在外為官的陳昌言，更是親眼見過「賊過如洗」的地方。

剛剛倒下的明朝，之所以號稱歷代以來得國最正，是因為他們驅逐的是異族統治者。所以長期以來一直受到民族主義薰陶的明朝百姓，非常清楚地知道一點：異族人對所謂的讀書人，或者說所謂的「儒家」，是不尊重的。一官二吏三僧四道五工六農七匠八娼九儒十丐，讀書人僅僅比乞丐好一點。那麼，現在的問題就是：在這樣的末世氣象之下，一個像陽城陳家這樣的地方小家族，要安排自己的子弟讀書，會怎麼做？

這個時候的他們，並不知道哪一方勢力會上臺，也不知道新勢力上臺之後會不會清算，更不知道清算會不會落在自己身上。如果自己沒有被清算的話，要怎麼樣生存。讀書的內容還是一樣的嗎？滿族人來了，還會考試嗎？要怎麼考試？

大部分人在第一次爬一座陌生的山的時候，會比熟悉了之後累上許多。究其緣由，不是因為熟悉了之後知道在哪裡會更省力，就是單純地因為未知本身就是最大的恐懼。

崇禎年間，誰會知道接下來的世界是怎麼樣的呢？

所以，他們培養自己的孩子時，更注重培養動手處理、解決實際問題的能力，這也是陳廷敬最有可能的「學習」方式。

綜上所述，我們才能真正明白，為什麼日後陳廷敬可以成為一代名相，為什麼可以擔任清文淵閣大學士兼吏部尚書、康熙的老師、《康熙字典》的總閱官，輔佐康熙朝達半個世紀之久。

清朝設有吏、戶、禮、兵、刑、工六部，陳廷敬曾在其中四部擔任最高職務——尚書，並在禮部擔任左侍郎。清朝漢人不掌兵，陳廷敬在六部中的五部擔任過要職，朝中的大小官職幾乎做過一遍了，最後拜相入閣。

究其原因，是因為他的思想主張順應了時代。而這一切，離不開他的「幼功」，離不開他讀的書。當然，也離不開他的「練習」。

前面我們引用了陳廷敬的墓誌銘的內容，這篇墓誌銘的作者是大學士李光地。

李光地（西元一六四二至一七一八年），字晉卿，號厚庵，別號榕村，福建泉州府安溪（今福建安溪）人。清代康熙朝大臣，理學名臣。

康熙九年中進士，歷任翰林院編修、翰林學士、兵部右侍郎、直隸巡撫，協助平定「三藩之亂」。康熙四十四年，拜文淵閣大學士兼吏部尚書。康熙五十七年，因疝疾速發，卒於任所，享年七十七歲，謚號「文貞」。雍正元年，加贈太子太傅，入祀賢良祠。著有《歷像要義》、《四書解》、《性理精義》、《朱子全書》等。

李光地比陳廷敬小四歲，陳廷敬七十五歲去世的時候，李光地七十一歲，這之後又過了七年，李光地也去世了。而在他們都在世的時候，兩人的官職級別大致相當。當然，陳廷敬擔任的官職多，在數量方面，李光地是趕不上了。介紹這些，是想證明，李光地為陳廷敬寫的墓誌銘，與真實的情況不會有太大的出入。

那麼，在這裡，就出現了一個有意思的話題。

陳廷敬九歲的時候，在課業上表現出了令人驚訝的成績。那年他寫了一首題為〈詠牡丹〉的詩：「牡丹春後開，梅花先春坼。要使物皆春，定須春恨釋。」意思是要人們散盡春天花開花落的憾恨，使百花盛開，萬物皆春。一個九歲的孩子，能寫出這樣寓意深刻的詩句，「聞者已驚其度量」，他母親張氏見後驚喜地說：「此子欲使萬物皆其所也！」欲使所謂「萬物皆春」，即是懷有兼濟天下的大志。

這是「神童詩」。

古往今來，人一旦有所成就，總免不了要證明「天降神異」，最簡單的就是少年早慧了，神童詩也因此應運而生。有意思的是，本書一再提到的薛瑄，也牽涉其中。

蛤蟆本是地中生，

獨臥地上似虎形。

春來我不先張嘴，

哪個魚鱉敢吭聲。

這首詩還有另外多個版本，比如相傳為李世民所作：

獨坐井邊如虎形，

柳煙樹下養心精。

春來唯君先開口，

卻無魚鱉敢作聲。

與現存這首最接近的是明代張璁版本。

獨蹲池邊似虎形，

綠楊樹下養精神。

春來吾不先開口，

哪個蟲兒敢作聲！

這首詩目前最流行的版本是：

獨坐池塘如虎踞，

綠蔭樹下養精神。

春來我不先開口，

哪個蟲兒敢作聲？

對於這首詩的版本爭論已久。我們不是相關的學者，也沒有意圖去考據，就這樣聽之任之而已。但這正好說明我們的主題：相傳某人少小神異，甚至有作品者，實在不必太過於看重。

陳廷敬成績優異，學問已經相當有水準，竟然成了塾師王先生辭職的動機。當時，塾師王先生向陳廷敬的父親辭職說：「是兒（指陳廷敬），大異人，非我所能教也。」

看到這裡，我們不由得會心一笑，又來！

這些話語發生於私室，經事者不過兩人，塾師王先生和陳父陳昌期，外人本無由得知。換言之，這樣的話之所以會被我們知道，肯定是來自陳家的宣傳。那麼，與之前「神童詩」的作用一樣，既然是宣傳，真實性就無須追問，我們只看宣傳的目的最終指向哪裡就好。順治四年，陳廷敬十歲，塾師王先生辭去，故從堂兄陳元及父修習。

清朝是異族政權。此時的滿族，核心的族人只有八個旗。旗人人數加起來不超過五十萬，算上奴才，入關時的滿族人滿打滿算不超過兩百萬。這已經是在明末那幾年，滿族利用朱明的腐敗和軍事無能大規模擴張後的結果。畢竟關外苦寒，在面積不大、自然環境惡劣的地方，能容納人口的數量很少。

西元一六四四年，清軍入關，王朝交替。其實無論從原因、力道還是結果來看，清軍都是滅亡明朝的主要力量，或者說是主要力量之一。但當清軍打敗了李自成的軍隊入關之後，清政權卻對天下宣布，它並不是明朝的敵人，正相反，它是來替朱家人報仇的，他們是「自己人」。當然，這個說法在讀書人之中，或者說在明眼的讀書人之中是騙不了人的。因為努爾哈赤在掌握政權後第一件事就是宣讀「七大恨」，告知天下他和他領導的軍隊是反明的。

但政治不討論道德，只考慮利益。

當滿族的統治者提出這個口號的時候，已經可以判斷出，他們真正開始嘗試統治這片龐大的土地了。因為他們開始尋求「名正言順」。

這一點對我們的主角很重要，因為它帶來了一個很重要的結果：從來沒有嘗試過進行正常族群治理的戰爭勝利者，並沒有相關的制度建設的經驗，必然地，他們會照搬明朝的制度。這就是著名的「清承明制」。

「衣冠唐制度，禮樂漢君臣。」先進的制度並不會因為戰爭的失敗就失去它的合理性，歷史上除了元朝之外，所有的異族入主中原後，最終都採用了中原王朝的統治理念和治理模式。這裡既有華夏文明自身的優越性，也有農耕文明內生的治理需求所形成的治理結構的必然性。

這一年，滿族統治者確定了對官員的使用原則和預備役官員的培養方式。「十一月乙酉朔，設滿洲司業、助教，官員子孫有欲習國書、漢書者，併入國子監讀書。」滿族統治者說，之前在明朝當官的那些人，假如你們願意繼續出來為清朝效力，那麼原來是什麼官，現在可以繼續當什麼官。如果你的上司沒有回來，你來得早的話，你就可以去當。

在李自成還沒有攻破北京城的時候，牛金星有一個夢想，那就是「開科取士」，因為這樣就可以培養出「自己」的人才。後來他的夢想實現了，在北京短短的四十二天「立朝」時間裡，「順天府儒生紛紛乞考，填擁於市」。

因此，當攝政王多爾袞代順治皇帝發言「開科」之後，天下亂不亂另說，總有一些「讀書人」是定下心來了。

陳廷敬七歲這年，自己曾經的國家被打敗了。周圍的環境動盪了一下子，或者說也沒有動盪得更厲害。畢竟這附近本來也不安寧，現在反而平靜了一點。這一年，在崇禎十六年就回家躲避戰亂的陳昌言，再次出山去當官。他官復原職，仍為浙江道監察御史。

順治二年，清朝的軍隊攻克了南京，清廷設置江南省，轄今江蘇、安徽及江北等地，陳昌言旋即被任命為提督江南學政。

這一點，對陳廷敬帶來了很大的影響。

因為假如陳廷敬還可以選擇自己效忠的對象的話，雖然看似「明朝」並沒有給予自己什麼好處，而陳昌言可就是名副其實地「深受皇恩」了，監察御史本身就是皇帝的耳目，可以說是皇帝的心腹。如今山河破碎，江山易主，曾經效忠的對象甚至以身殉國，吊死在煤山。身為心腹手下，就算不能「殉」，就算不願「乘桴浮於海」，就算做不到「不食周粟」，最起碼也要隔一段時間再來為「敵」服務吧？畢竟當官時，父母死了還要回鄉守孝三年，稱為「丁憂」，更何況是皇帝死了呢？是你為之服務的皇朝死了啊。但陳昌言沒有等。

陳昌言在崇禎十七年回到中道莊之後寫了一首詩〈蟄居〉，詩前的小序寫道：「有屋一間，儘可容膝。甲申避亂其間，因名。」

他的詩是這樣的：

大廈雖非一木支，苟全亂世欲何為？
憂將天問憑誰解，慚對青山轉自疑。
半榻奇書消寂寞，一杯元酒了愚痴。
愁多潦倒無新句，且向殘燈改舊詩。

這首詩的前四句寫出了自己當時矛盾複雜的思想和心情，後四句寫自己以看書、飲酒、寫詩來消磨時光，排解愁思。

陳昌言在清朝提督江南學政的任上做了些什麼呢？「絕苞苴，杜請託，風教丕振疇昔」，還選拔了一批優秀人才，「士類翕然宗之」，在朝野很有一些聲望。他在外當官期間，「俸入之餘悉委昌期經紀，不以一毫入私橐」，其弟「昌期亦殫心父事之」。雖然遮遮掩掩，但是陳昌言畢竟還是透露了自己的想法：我是個有能力的人，但是天下事如此，我也做不到更多。倘有機會，我不憚於「改舊詩」，因為我不願因「愁多潦倒」。這裡的「舊詩」，是隱喻。

這件事之後，順治三年，一直在家讀書的陳廷敬，就開始聲名鵲起，寫出了「要使物皆春」的名句。

我們稍微跳脫出陳廷敬的生活，站在這個小小的圈子外來看，會發現，因為這次改朝換代的動盪並不激烈，加之官員們「原官奉之」，所以這裡的政治氣候沒有發生大的變化。反而大家還會因為外部的壓力，更加地彼此團結。因為基層官員儲備極度缺乏，我們可以推測，那時統治階層針對官員的監察系統應該是癱瘓了的。在這種情況下，不難想像，當時陽城這一帶的宗族氣息會濃厚到什麼程度。在這個環境中執牛耳者的幾個大家族，會對地方的各種資源掌控到什麼地步。

陳廷敬十四歲時，「赴試潞安府，以童子第一入州學」。他和父親陳昌期都參加了這次考試，而陳廷敬的考試成績卻比父親陳昌期更好。

據《午亭文編》所載：「應童子試於潞州，光祿公（陳廷敬的父親陳昌期）為諸生，父子皆試於學使者。學使者萊蕪張公問知餘能詩，獨不試詩，試五經義，立就。曰：『吾以子冠諸童子』。」

童子試後要在府學修業。按照清朝考試制度的規定，童子試要經過縣試、府試和院試。院試由學政主考，正式錄取者稱生員，亦稱秀才，分府學生員、縣學生員兩類入學就讀。陳廷敬在潞安府的考試，是院試，所以考試之後就成了秀才，入府學就讀了。

我們看其中提到的萊蕪張公這一段。學使者就是學政，與欽差的性質類似，品級不固定，三品或者從二品的樣子。這樣一個級別的官員，會在地方上和什麼樣的學生對話呢？在封建時代，能有這種「機會」的學子，可想而知一定是當地大族的子弟。

在這樣的情況下，陳廷敬得到了童子試第一。這可是讀書人念茲在茲的「三元六首」之一，是真正值得驕傲的榮譽，也可以說陳廷敬成名了，他成為澤州這個地方的一張「名片」。

因此才會在同一年與當地另一個大族王氏家族聯姻。十二月，娶夫人王氏為妻。王氏為明吏部尚書王國光玄孫女。

陳廷敬到潞安府學讀書，沒有什麼外務，陳家又是豪門大族，於是在府學旁邊租了宅子讓少爺居住。雖沒打算張揚度日，但也不能讓少爺被人小看。

陳廷敬讀書確有才能。拋開半炒作得來的「神童」名號不說，他思想敏捷，記憶力好，又具備良好的思考習慣，還有家中流傳下來的讀書之法，再加上亂世之中持家所養成的堅韌不拔的意志，簡直是天賜的讀書資質。而他本身又確實對世間事存有疑惑。少時薛瑄的書給予了他思想的啟蒙，因此汲汲營營於書中想要尋找答案，倒是把書讀得比別人又深又精。

陳廷敬十五歲，剛成親。多年來家族的培養使他於日常俗事並不陌生，也深知與人合作的訣竅，更有了些御下的手段。因此在潞安府的兩年裡，讓他本就是童子試案首而為人所知的聲名越日益提升，漸漸地真有些名重一方的架勢了。

同在府學讀書，本府的生員同窗間不免發生一些矛盾，他時常出面勸解，也總是奏效。這下子，大家對他更加服膺。負面效果就是，大家總愛湊在他身邊，他讀書的時間就相對少了。

但話說回來，他讀書用功極深，又實際操持過家族事務，對世事分析得總是精準，大家向他請教的事情又總是新奇，倒也讓他另有一種足不出戶而盡知天下事的自得。偶爾講述一番道理，就像一次總結和闡述，對他的學問也不無小補，溫故不說，還能知新。

順治十年夏，府學休沐日，大家又聚到陳廷敬宅中。府學的休沐日與官方規定一樣，也是十日一休。今天的聚會，大家本來只想著玩樂，不承想有人無意間聊起山西的山川地理，說到太行、呂梁並稱，但因潞安府在太行山中，所以在座諸人都熟知太行山，可是對呂梁山卻有些印象模糊。恰在此時，座中一生員接過了話題。

這位發聲的秀才姓于，博聞強識，但考運不好，已經考了四次都沒考中。還好，清朝政權初立，官吏太缺人，舉辦秋闈比明朝頻繁許多，十年已經舉辦了六次。這才讓他有了機會參加考試。于秀才說，他深知本朝開科取士的頻率古今罕有，是他們這代讀書人的幸事，往後必然不會再有。但他就是不明白，為什麼自己總是抓不住這機會，總是與考中差一步。

陳廷敬冷眼旁觀，若有所思。

于秀才一家剛從呂梁遷至潞安府，家中小有資產。提到呂梁時，言語中情思綿延，分析現狀因由鞭辟入裡。在座的同窗也都聽得真切，但這正好也是于秀才的弱點。

這世間事，尋根究底，原因超不過那兩三個。都是讀書人，誰還不知道呢？可是有些事你就算知道了，也不能說。就算說，也不能跟官府說。就算非要跟官府說，也要等取得了功名，有了對話的資格之後再去張嘴。

可是這于秀才一副古道熱腸，每每於試卷之上指斥天下，用激揚的文字，替呂梁的受苦百姓鼓與呼。試想，這閱卷的考官也不過是三品提學，哪裡敢放這樣的學子出省去考試，所以每次都是落卷不題。

這次，于秀才又犯了老毛病，言語中頗有怨懟之意。陳廷敬覺得他的感悟太過陰微，而且當著大家的面說出來，於人於己都沒有好處，萬一傳出去，還會得罪一省學督。於是他決定等今日人散了之後，私底下提醒這位同窗。以于秀才的火候，一旦想通了這個問題，應該就不愁魚躍龍門了。當時，陳廷敬並沒有阻礙身邊朋友上進的想法。所謂的競爭，在他們這個階段，幾乎感受不到。秋闈如此頻繁，春闈也不遑多讓，加上順治朝開恩科，迄今十年，會試竟有五次之多。也就是說，在這個時代，讀書人要是願意出來當官，真的是不缺機會，並沒有彼此擠占、你上去了我便被淘汰的情況。更何況于秀才的講述精細幽微，不但有理有據，還引人入勝。

于秀才說：「呂梁人不多，但那地方是很苦的。接近雁門關一帶有駐軍，情況就好一點，但是往兩邊走，便三不管了。山很險，地不好，路難行。呂梁盜匪十分凶悍，那裡的人，不凶也活不了。前朝還沒有國滅時，軍隊來草原上『打草穀』，就會往山裡走。他們倒也不單純是為了糧食。他們性情凶蠻，能在山裡找到村寨屠了，便是勇士。打仗的時候，有時漫山遍野都是火，人和動物都跑不出去。」

座中有人不懂：「打草穀？那不是宋代遼人的故事？」

于秀才皺了皺眉，顯然有些不以為然：「嗯，邊地的情勢沒變，這事又怎麼可能變？打草穀的又不只是遼人，他們過來，我們過去，燕雲十六州丟了以後，便是這樣了。互相不打大仗，但劫掠邊民是慣例。」

「我當年對此很看不過去，但沒有辦法，軍隊把這裡當成了練兵的好去處。其實，能練出什麼兵來？但殺了人，取了人頭，那就是軍功。殺了人以後，糧食錢財都能搶來，至於女人，更不用說了。」于秀才接著說道。

「哦，是這樣。」大家都點點頭，大概能夠想像。

于秀才說：「嗯，那個地方荒僻，官家想管也管不了。人是有的，東西不夠，朝不保夕，便只能拿了刀搶。兩邊客商走雁門關，邊軍會對其課以重稅。有關係或熟門熟路的，就改走呂梁，只要平安通過一次，到手的便是暴利。邊軍幾度清剿，終究沒有效果。客商走山裡，等於是奪了邊軍手中的油水。而呂梁那些人，不會給任何人面子，遇到客商，搶了東西，有時把人也殺了。客商家倘若要哭訴，也只說是官兵剿匪不力。」

「到頭來，沒人喜歡他們。聽說有的大商家，會暗中支持邊軍征剿。剿完後，軍隊是不可能長期駐紮的，過幾天就走了。山裡的匪徒少了，他們就更容易從呂梁一帶過去。」于秀才說。

「呵呵。」大家聽了都是搖頭苦笑。許多事就算非常不喜歡，也不至於會表現得義憤填膺。

只有于秀才最後還有些傷心地說道：「邊關之地，終究不是人住的。那片地方，難得善終……」于秀才還要繼續說，被陳廷敬找了個藉口打斷了。隨後又有其他人開啟另外的話題，關於呂梁的話題也就停了下來。

後來，在和于秀才私底下談話時，陳廷敬提醒他：「過往之事但說無妨，雖然越關而入者必有我大清兵卒，但畢竟兩軍交戰，分屬敵國，做出些出格的事也無可厚非。」

接著，陳廷敬便嚴肅起來：「可是于兄舉家搬遷是近來之事，國朝定鼎已經十年。這之後的亂象如果一說，于兄難道想要背上一個『心懷怨望，指斥朝廷』的罪名嗎？」

于秀才張口結舌，不知該如何回答。陳廷敬又壓低聲音，對他說明自己的看法。

「文字是掩飾不了情感的，如果不是真正發自內心地認可新朝，你以這樣的心態寫出的文章，考場上的閱卷官怎麼敢錄取你？那不是為自己找麻煩嗎？所謂官場一榮俱榮。如果你真到會試之時考中了進士，身為錄取你的鄉試座師，會被正經八百地介紹為你的老師，以此而分享榮耀和師生之間的利益。但要是出了事呢？一損俱損也是同樣的道理。假如在會試時，你突然寫了一篇犯忌諱的文章，怪罪下來，無論對誰都是大麻煩。關鍵是，沒必要啊。就算能解決麻煩，難道因此而耗費人情和財物就不可惜嗎？為了你平白消耗掉寶貴的資源，豈是成熟的官員會做的事？」

于秀才聽到這裡，恍然大悟，徹底明白了自己以往的不成熟，對陳廷敬的感激，更是如滔滔江水連綿不絕。最後，陳廷敬要求于秀才不要將此事外傳，以免惹禍上身。

于秀才點頭應允，之後果然文風大變，對陳廷敬亦是感恩戴德，言聽計從。

順治十一年，陳廷敬要去省城太原趕考鄉試，這時距離他取得秀才功名過去了三年。

依常理分析，敢像陳廷敬這樣在取得秀才資格後立刻參加鄉試的有兩種情況：一種是明知道沒有希望，但要提前經歷考場，以擷取教訓，總結經驗，在接下來的讀書生涯中對此進行準備；另一種，就是真正地打好了基礎，已經把經典讀得滾瓜爛熟，下場一試是決定要用自己的心血與天下英才一較高下。

陳廷敬肯定屬於第二種。這一年陳廷敬十七歲，讀書已經讀到了這樣的地步，可以說的確是個讀書天才。陳廷敬想利用這次去省城太原趕考的機會，走一走過去沒有機會走的路，看一看過去沒有看過的世間風景。

他打算先向南走，走到與河南交界之處的風陵渡，也就是黃河邊，然後換乘河船，一路逆流而上，到壺口換船，到磧口再換。沒想到這個計畫剛說出來就被打亂了。旁人對他說，雖然河上有縴夫，逆流而上原則上是可行的，但按照規矩，逆船不載人和貨物。而在山西省內，假如要沿河行走，肯定是沿著汾河走最合適。

汾河流經山西的五大盆地，貫穿著山西的文明，沿著汾河行腳，本就是這個時代大多數行旅之人的選擇。

陳廷敬點點頭表示認同。沿汾河行走，一樣能達成他觀察世界、體驗人生的目的。儘管他知道，汾河邊上的世界可能已經是這個世道當中的「天堂」了。畢竟，有這樣的歌謠流傳：「歡歡喜喜汾河畔，湊湊乎乎晉東南。哭哭啼啼呂梁山，死也不過雁門關。」

我們應該相信，在這次沒有被歷史記載的行走中，陳廷敬是看到了他意料之外的世界的。在此期間，他既沒有詩句存世，也沒有什麼軼事流傳。身為一個九歲即有作品，日日精研學問的讀書人，這很罕見。出現這種情況，通常是因為內心存有疑惑。對一個從小接受「實用教育」，又對世界有了固定看法的年輕讀書人來說，應該是某些精神層面的東西撼動了他。這甚至在一定程度上影響了他的讀書狀態。順治十一年的這次鄉試，他沒有考中。

甲申之變之後，有人去當官，有人卻不願意從握著刀的手裡接過飯碗。一個打掉伸過來的手的人說出了這樣的話：「天下興亡，匹夫有責。」

這裡的「天下」是有特指的，為此專門做了解釋：「有亡國，有亡天下。亡國與亡天下奚辨？日：『易姓改號，謂之亡國。仁義充塞而至於率獸食人，人將相食，謂之亡天下……是故知保天下，然後知保其國。保國者，其君其臣肉食者謀之；保天下者，匹夫之賤與有責焉耳矣？」（《日知錄》）這個人，生活在明末清初，他是當時的著名思想家，叫顧炎武。這段話的核心，就是民族之別與抗爭之心。

在順治十四年的鄉試中，陳廷敬考取了舉人，去京城參加會試。在那裡，他會對顧炎武的話有更深的領悟。那一年，他二十歲了。

順治十五年，二十一歲的陳廷敬赴京趕考。這是想要當官的讀書人的必經一關。甚至因為它具有的意義對個人來說太獨特，所以有人又稱這個過程為「魚躍龍門」。過了這一關和沒過這一關的讀書人，看起來是同一個名字同一個人，實際上已經成了截然不同的兩種「生物」了。所以唐以後的歷朝歷代，國家的「掄才大典」都是肅穆、端嚴之極。唯獨兩個時期例外。蒙元九十年和清初二十年。

會試前一個月，陳廷敬就來到了北京城。不是他著急，實在是這年月路上不太平，要是時間抓得太剛好，萬一碰到什麼意外，就會誤了大事。索性趕早不趕晚，家裡也不差這點住宿費。況且，提前來到京城，也能探探風色。

果然，京中風物與山西大不相同。畢竟是明朝二百多年的首都所在之處，富貴氣象不說，因地處河北平原，資源流通方便，可以稱得上是物華天寶之地。美中不足的是，皇皇天都，城外卻有大量流民聚集。回到客棧的陳廷敬四處打聽，費了一番工夫，終於弄清楚了這些流民的來源。原來是「圈地」造成。

順治元年順治帝「設指圈之令」，「命給事中御史等官履勘畿內地畝，從公指圈。其有去京較遠，不便指圈者，如滿城、慶都等二十四州縣無主荒地，則以易州等處有主田地酌量給旗，而以滿城等處無主地不給就近居民」。所謂「履勘」，事實上既不「履」，也不「勘」，而是「劃界圈地」，馬力所至就是「從公指圈」的範圍。圈地主要有三種形式：一是將近京肥沃土地圈給滿洲貴族，另外，圈山海關以外田地讓農民耕種，這叫「圈補」；二是原來圈占地離京太遠，或因「鹽鹼不毛」地，來補還近京被圈農民，叫「全換」；三是凡明王室所遺留皇莊各州縣「無主荒田」，一律劃歸滿洲貴族和八旗官兵，叫「圈占」。

但事實上，怎麼可能執行得這麼嚴密？

滿人起初在關外，土地很貧瘠，生活很艱辛。入關後，發現關內富庶和肥沃到他們不敢想像，於是就透過在一定的時間內能跑多少就圈定多少土地歸己的方式，來確定明朝滅亡後遺留下來的大量皇室土地，然後迅速蔓延到強占平民百姓的土地上。

順治四年和順治八年，清政府又兩次頒布圈地令。根據命令，旗人攜繩騎馬，大規模圈量占奪百姓土地。很多農民田地被占，流離失所，飢寒迫身。圈地主要在近京三五百里內的順天、保定、承德、永平、河間等府（今北京，河北的北、中、東部及遼寧西南部地區）進行，圈占總數達十六萬多頃（一說十九萬多頃）。駐防外地的八旗在山東、山西、陝西、江蘇、寧夏等地也進行過圈地。

平民百姓無法抵擋，失去了謀生來源的他們只能變成流民，而且沒有歸家希望的他們，死亡的速度比正常的流民來得更快。

「近畿土地，皆為八旗勳舊所圈。民無恆產，皆仰賴租種旗地以為生。」以致「流民南竄，有父母夫妻同縊死者；有先投兒女於河而後自投者；有得錢數百，賣其子者；有刮樹皮抉草根而食者；至於僵僕路旁，為烏鳶豺狼食者，又不知其幾何矣」。

清廷定鼎中原，欺侮壓迫漢人，是民族戰爭不可避免的結果。當然，隨著世界的進步、人類意識的發展，我們越來越能夠理解、體會「他人」，於是有了底線，有了共同約定，終於使得「人」和「人的尊嚴」能夠真正被重視與保護。

有計畫且系統性地對某個族群進行壓制甚至滅絕，在中國歷史上也只出現過三次。一次是五胡亂華，一次是元，最後一次就是清。前面說九儒十丐，說的是元朝時對職業的歧視。而人分四等，南人最下，則是對民族的打壓，南人之上是漢人，南宋以及曾經在南宋生活過的人甚至不被認為是漢族人了。終清一朝，滿漢兩分。清朝對民族的區分，從始至終沒有停止。

這其實是絕對不能忽略的對清朝史實進行研究的線索。而在此之上各種因素的疊加，會使得時代的悲劇在個人身上顯得更加凝重。

山西雖也進行過圈地運動，但一直生活在晉東南的陳廷敬之前對此毫無所知，突然讓他接受這樣的消息，對於一直自視為「菁英」也就是「人上人」的陳廷敬來說，實在是一大衝擊。他突然意識到，他想要進入的這個體系，似乎並不像他之前所想的那樣公平。甚至，隱約地，陳廷敬感受到了一種惡意。一種針對他身體裡的血、他的根的惡意。

這樣的思考，讓陳廷敬的思想陷入了混亂，影響了他的考試結果。本來頗有意要取前三甲的陳廷敬，最後的成績卻沒有那麼理想。四月初五辛未，「賜殿試貢生孫承恩等三百四十三人進士及第出身有差。」（《世祖實錄》）

「十五年戊戌，二十一歲，登孫承恩榜二甲進士，授庶吉士。館試御試輒取第一。」（《午亭山人年譜》）

據《明清歷科進士題名碑錄》，陳廷敬中三甲進士第一百九十五名，與《午亭山人年譜》所記「二甲進士」有所出入。

回憶錄一般會美化自己，我們認為《進士提名碑錄》的說法應該更準確一點。一方面因為上面的順序和人名是一一對應的，可信度更高；另一方面，年譜中的說法來自陳廷敬的晚年自述，難免差錯。並且他後來高官厚祿，顯貴於人前，難免會誇示自己的成績。「三甲」畢竟沒那麼風光。

但三甲也罷，二甲也好，畢竟是進士。讀書人狹義上的讀書之路，走到這裡基本上就是極限了。學成文武藝，貨與帝王家，考試成績就是自己的價錢，皇帝錄取你相當於認同這個價格「買」下了你。接下來，就要收拾心情，準備當官了。

三、事非經過不知難

澤州是現在的晉城市，地處晉東南。整個晉東南地形是由群山包圍起來的一塊高原盆地，大致可分為南北兩區，北部濁、清漳河流域形成長治盆地，南部丹河與沁河流域形成晉城盆地。這樣的地理對農耕文明來說算是寶地。「湊湊乎乎晉東南」，雖然這裡比不上江南，再怎樣說也是平原，耕地稀少，農耕並不發達。但從山西全省的角度來說，晉東南地區雖然比不上貫穿山西的母親河——汾河周邊，但已經是首屈一指的好地方。

太嶽餘脈，沁水之濱，沒有山脈阻隔，向南與河南相接，因此除了農耕之外，這裡有著山西其他地區不具備的商業優勢。商業的根本就是資源的流通，交通便利是商業誕生的前提。與大家傳統認知當中的「晉商」不同，這裡的商業不是以晉中祁太平地區的「票號」為代表的「金融商幫」形式。陳廷敬的祖先就有人經營過小店鋪，甚至他的上一輩就有，但從記載中看來都沒有什麼大成就。

陽城還有礦業資源，除了眾所周知的煤炭，還有鋁礬土、硫鐵礦、陶瓷黏土、白雲石，這是產生冶煉行業的先決條件。加上一些其他因素，陽城產生了眾多的附屬加工場所，以至於這裡甚至衍生出「打鐵花」這樣的獨特風俗——設一熔爐化鐵汁，十餘名表演者輪番用花棒將千餘度高溫的鐵汁擊打到棚上，形成十幾公尺高的鐵花，鐵花又點燃煙火與鞭炮，又或者「龍穿花」。且不說危險與否，前提就是要有熔化的鐵，這在資源匱乏或者條件不足的地方絕不可能。明朝在十三個重要的產鐵地設置了冶鐵所，澤州就是其中之一。澤州地下豐富的煤鐵資源，直接促生了富甲天下的「澤潞商幫」，財勢雄厚，時人稱「非數十萬不稱富」。

這些因素要再加上亂世會產生什麼呢？

是時十二歲的陳廷敬站在「河山樓」的頂層，看著面前圍困著家園的義軍士卒，對這個答案再清晰不過了。這棟樓，從一六三二年陳廷敬的祖母要求三個兒子開始建造起，就一直保護著他們全家，甚至是全村人的性命。

崇禎四年四月十八，陝西延綏東路副總兵曹文詔攻下了河曲縣城。王嘉胤率領起義軍南下，五月二十四經嶽陽（今安澤）到達屯留、長子，五月二十七從高平、端氏（今沁水）進入陽城。六月初一，王嘉胤率眾到達陽城城下，陽城知縣楊鎮原據城固守。因為曹文詔率官兵追殺，王嘉胤無心戀戰，便帶領起義軍從李邱、長灣等村進入陽城南山。六月初二，王嘉胤飲酒大醉，被他的左丞相王國忠殺害，王國忠帶著王嘉胤的首級投降官軍，向曹文詔請功。王嘉胤的右丞相王自用（號紫金梁）便聯絡「老回回」馬守應、闖王高迎祥、八大王張獻忠、射塌天李萬慶、滿天星、破甲錐、獨行狼、亂世王、混天王、顯道神、混天猴、點燈子、九條龍、不沾泥等三十六家起義軍首領舉行集會，起義軍的首領共推王自用為盟主，組成了一個時聚時散、協同作戰的軍事聯盟。

這一年，「紫金梁」率其部下先後進入陽城縣境內十二次。僅十月一個月內就進入郭峪皇城四次，使這個地處太行、中條、太嶽三山之交的山村，一時間房毀人亡，血流成河……

二十多萬起義軍在晉城地區活動之時，陳廷敬的祖父陳經濟已去世，祖母范氏尚健在。陳廷敬的父輩兄弟三人是陳氏的第八世，老大陳昌言，是陳廷敬的伯父，生於萬曆二十六年，到崇禎五年是三十五歲；老二陳昌期，是陳廷敬的父親，生於萬曆三十六年，此時二十五歲；老三陳昌齊，是陳廷敬的叔父，生於萬曆四十三年，這時是十八歲。由於他們所居的中道莊「僻處隅曲，戶不滿百，離城稍遠，無險可恃，無人足守」，面對這種形勢，他們兄弟三人急謀自保之法，於是他們也決定修建一座堅固的高樓。形勢緊急，他們就在崇禎五年的正月動工修建。這裡說的「也」字，是因為這並不是陳家的獨創，也不是首創。

潤城鎮屯城村有一個當過明末刑部右侍郎，後落職在家的張慎言，有許多作戰防禦的經驗，就召集族人村民在屯城修建城牆防禦工事，還為其取名叫「同閣」，意思是號召全村人同仇敵愾，禦敵保家。

高約二十公尺的同閣，城牆上有堞樓，壯丁可以從上往下射殺敵人，下有地洞可躲避敵人炮火，真正發揮了防禦的作用，並且裝備了「佛朗機炮」，這是明代中葉傳自葡萄牙的後裝火炮，射速很快。紫金梁部從抓獲的張慎言僕人那裡聽說到這個消息後，「為之咋指」，於是很快就撤離了。

以此為開端，當時郭峪皇城等一些樊河沿村的富商官宦巨家紛紛開始修建城堡以為自保，《明史》記載「築堡五十四」，學者董小清、郭一峰、張建軍調查後卻是「山西晉城沁河古堡群實際包括一百一十七處大小堡壘」，遠遠超過歷史記載。

河山樓占地只有三間房大小，長三丈四尺，寬二丈四尺，共修七層，高十丈餘。最下面一層深入地下，掘有水井，備有碾磨，並有暗道與外面相通。三層以上才設窗戶，但都有厚實堅硬的木板門可以隨時關閉。樓的頂端築有女牆，可以由家丁看守。居高臨下，是一座易守難攻的防禦建築。整個工程共用石料三千塊、磚三十萬塊，「為費頗奢」。工匠的飲食等事都靠陳廷敬的祖母范氏料理，工地的備料經營等事都靠陳昌期奔波，全家上下都在為此事忙碌，「數月無有寧晷」。

修建樓房的工程還在繼續，到了這年七月，樓修到七層，磚工結束了，要開始立木上梁。按照風俗，修房蓋屋立木上梁時都要選擇吉日祭神，他們選擇了七月十六為立木之日。可是到七月十五這一天，忽然聽說起義軍已經來到了附近，這時樓尚未完成，「僅有門戶，尚無棚板」，沒有蓋頂，但事情緊急，無法停下。只好趕快準備石頭弓箭，運了糧米、煤炭，其他金銀行李等物都來不及收拾。附近的百姓也都趕緊跑來進樓躲避，當時樓中所容納的大小男女就有八百餘人。這天傍晚，他們就緊閉樓門，嚴陣以待。

次日，就是七月十六，這是擇好的吉日，要在寅正時開始祭神立木。但在倉促之間，無法準備祭品，只能焚香拜祝，而後立木。到了辰時，起義軍從東北方向來，才開始只有零星幾人，沒多久就來了萬餘人，都穿著紅衣服，看去遍地赤色。陳昌言在樓上率領壯丁百餘人堅守。當時天正下雨，樓上沒有頂棚，大家都站在雨中。樓中有八百多人，全由陳家供給飯食。陳昌期沿堆口到處巡視，陳昌齊管理著樓門的鑰匙，防守很嚴密。起義軍雖然人多勢眾，但那時是冷兵器的時代，只靠大刀長矛，這座高樓顯得堅不可摧。起義軍不敢靠近，又不甘心離開，就把這座高樓團團圍困起來。

七月十七，起義軍仍不退去。陳昌期說道：「賊勢眾矣，即固守，圍久不解，樓中食盡人飢，終不可保。」意思是敵人人多，即使攻打不下我們的堡壘，但只要圍困我們，時間一長，沒有食物跟水，我們也就守不住了。陳昌言回答道：「家去州七十里耳，德州救兵來，樓宜可保。」意思要派人去州裡請救兵。陳昌期「自請間道告於州」，他今年二十五歲，正是年輕力壯之時，自動請纓要去突圍求救。陳昌言說：「此危道，奈何？」大哥覺得這個行動太危險了。陳昌期說：「苟得當活樓上下千人，且不使賊驚吾母，為益大矣。若坐斃於此，非計之得也。」二弟的回答是利弊相計，則利大於弊，不僅能救活樓中上下千人，重要的是能夠保護母親。而且，按照目前的狀態持續下去確實是死路一條，因此必須冒險。

大家商量後，決定讓陳昌期乘夜間出去，到澤州求援。到了夜晚，起義軍火把照山，上下如晝。午夜時分，陳昌期就攀緣著繩索下樓，準備到澤州求救。當陳昌期下樓之時，「忽腕力不勝」，沒有抓緊繩索，就摔了下去。這時，陳昌言在樓上心膽俱裂，悔恨無極，哭著說：「以十丈樓墜地，萬無得生之理。」遍問樓中人，誰敢下樓相救。樓中人人畏懼，無人敢應。後來僕人李忠自告奮勇，曰：「死生命也，救主義也，義在而死，命之正也，忠願下樓。」陳家立即賞銀五兩。李忠攀緣著繩索下樓，用竹簍將昌期吊了上來。陳昌期當時昏迷不醒，陳昌言抱頭痛哭，又不敢驚動母親。他一面指揮禦敵，一面照料二弟。次日，陳昌期漸漸甦醒，四肢竟安然無恙，只是臉上稍微有血痕。這裡請大家注意，李忠的行為在那個年代非常值得讚頌，為了主人，不惜冒著生命危險下樓救人，彰顯了主僕情誼，也間接印證了陳家的「鄉閭聲譽」。可是話說回來，李忠攀緣下樓，就是一條命，但這條命值多少錢？五兩。戰時萬物騰貴，人命卻反而不值錢，可謂亂世人命不如狗！

起義軍圍攻四晝夜，以為樓中無水，難以相持。在此之前，沁水縣大興里的柳氏，修了一座高樓，非常堅固。起義軍來攻，攻不破，只好退去，後又聽說樓中無水，又去而復返，圍守三日，樓中人因飢渴無奈而被攻破。這時，陳昌期命人打起樓中的井水，從樓的四周潑下去。起義軍見樓中有水，覺得久困無益，只好在七月二十解圍而去。

陳氏的這一座樓一直到十一月才全部竣工，又安置了弓箭、槍、銃、火藥、石頭。在此期間，起義軍曾連續來圍攻四次，皆沒有攻破，周圍村莊的百姓在樓中躲避的前後達到一萬餘人次。

這就是著名的河山樓之戰。之所以叫河山樓，在陳廷敬所撰寫的〈河山樓記〉中寫道：樓成之後，陳昌言想為樓取名，想了好久，沒有結果。在崇禎六年八月初一夜晚，陳昌言夢見與仙人在樓上相會，他就懇請仙人為其樓題名。這位仙人在向周圍環視之後，提筆寫了「河山為囿」四個大字。陳昌言向仙人叩問，這個「囿」字是什麼意思。仙人說：「登斯樓而望河山，不宛宛一苑囿乎？」陳昌言醒來之後，覺得很奇異，次日早起，登樓四望，看到周圍的景象，果然如此，山環水繞，就是一個大園林，於是就把這座樓命為河山樓。

可畢竟河山樓的容納量有限，要想真正做到自保，還需要擴大防禦設施的範圍，增加防禦武器。說到這裡，不得不提一下沁河古堡群中的另一家代表——竇莊古堡。

竇莊古堡的主人，是崇禎年間的「錦衣衛指揮使」張道濬，他因惹怒東林黨人，被趕出朝廷，判「充軍雁門」。但因為他能力出眾，尤其擅長火器，不但擅長使用，還擅長製造，因此被當時的山西巡撫宋統殷看重，調到身邊，負責剿匪。

崇禎五年九月，起義軍攻澤州，城陷，朝野為之震撼。明廷調集重兵在山西加緊圍剿，總兵左良玉奉命援河南，復駐澤州，扼守晉豫咽喉。崇禎五年十月，起義軍北進。十一月，起義軍老回回經沁水榼山到陽城，陽城知縣楊鎮原閉城嚴守。崇禎六年正月，起義軍轉戰陽城，明參將芮琦等戰死。七月，起義軍攻破沁水城，殺沁水知縣焦鰲。

當張道濬得知戰況，就向宋統殷請戰回家鄉禦寇，得到同意後帶著不到一千人出發，但此時地方戰勢已經接近糜爛，正面對抗幾乎不可能，所以他先回了家，回家後第一件事就是完善自家的防禦堡壘。

竇莊堡呈正方形布局，牆壁高約十公尺，厚一點六七公尺，周長近兩千公尺。牆壁下部有條石，上部是夯土，外用包磚，極其堅固。這座城堡一反常態設有八座城門，每座城門都被設置成為獨立的防禦中心，高十七至二十三公尺，設置瞭望口與炮臺，甚至配有甕城。其中在各個城角的平臺上，安置了多達十二門的重炮，這還不算在射擊孔處設置的前文所說的「佛朗機炮」。

這樣堅固的堡壘讓地方民兵不知所措，強行進攻了一天就犧牲多達千人，卻連城牆都沒有摸到。讓人瞠目結舌的一幕出現了，久攻不下的「紫金梁」王自用竟然主動向張道濬請降了，表示願意歸順朝廷，這一次的大規模「兵災」在正面戰場上終於完結。

起義軍的勢力不斷壯大，陳氏家族的陳昌言「日夜圖維，思保障於萬全」。雖然河山樓堅不可摧，足以獨當一面，樓之內可容納千人之多，但糧食、行李不能多藏，牛馬等牲畜也無處躲避，想到修一座樓已經很有成效，如果能修一座城堡肯定會更加安全可靠。況且中道莊本來就不是很大，所居住的又都是陳氏同宗之人，如果能共同修築一個城堡自守，應該不是難事。於是他就召集了族人，表達了他的想法，曉以同舟共濟的道理，「期共築一堡以圖永利」。

但是陳氏族人各藏私心，人多嘴雜，眾說紛紜，無法形成共識。尤其此時竇莊古堡的事情已經傳播開，鄉人們覺得最大的災難已經過去，危險不再迫在眉睫，自保之心淡去，自利之心卻變得更堅強。陳昌言也無法相強，只好打算把自己這一家所居住的地方圍起來修一座城堡。可是他的居處所相鄰的地基都是同宗族人的資產，「數傳以來，若不肯相成」，他只好懇請親友幫助說合，花費了很多錢財，再以自己的資產交換，這樣才勉強將相鄰的房產地基談妥。

崇禎六年七月二十一，陳氏動工築堡，整整修了八個月，到次年的二月才竣工。這座城堡周圍大約有百丈，高二丈，堆口二百，開西、北兩門，門均用鐵皮包裹，門上修有城樓。鐵門之外，設有粗大的木柵欄。一切閒人往來，都只能在柵欄外，不得擅自入內。南面雖設有門，而實際上堵死不用，以便後日修房屋運送木料。城堡東面的山最高，若敵人居高臨下，不利於防守，所以在東城牆上覆以椽瓦，使敵人的石頭、箭不能從上空墜落，守卒可以不受到威脅。城堡的東北角上，築春秋閣，祀奉關聖帝君；東南角上，築文昌閣，祀奉文昌帝君。關聖、文昌二神，一文一武，以保佑庇護。這項工程共花費白銀一千餘兩。城堡修成之後，陳氏又訓練了守城的家丁，添置了武器，備了火藥，儲備了糧食煤炭，萬事俱備，沒有更多的擔憂了。陳昌言把這座城堡取名叫做「斗築居」，並在城門上題了四個字「斗築可居」。

順治五年，清朝內部出現明朝降將大規模叛變的局面，原明朝總兵姜瓖起兵於山西大同。大同舉義後，山西各地聞風響應。

陽城人張斗光本來於麻婁山「據險築寨」，聚眾抗清，姜瓖反正後即率軍攻打澤州。潞安（長治）義軍統帥胡國鼎命陳杜、喬炳、許守信前來支援，聲勢十分浩大。張斗光攻下澤州城，以澤州為根據地，接著進軍陵川，圍攻陵川縣城。清廷陵川知縣李向禹見城不保，又無退路，知道難免一死。其妻王氏無奈，便與二女在後堂自縊。李向禹拚死抵抗，城破被殺。張斗光又出兵攻沁水縣城，沁水知縣劉昌無法抵抗敵軍，便暗中安排妻兒子女帶著金銀細軟出城，潛回老家。自己聲稱到河東去求救兵來守城，事實上他出城後便倉皇逃竄，沁水城破。晉東南的潞安府、澤州、沁州全部易幟，被義軍所占領。

請讀者們注意這一年。我們前面提到的那次山河樓保衛戰發生在崇禎四年，雖然已經山河鼎沸，但畢竟還沒有到末路，地方制度接近崩潰，但正統還在，陳家遇到的，是「土匪」，或者說「亂軍」。而順治五年發生的這一次「混亂」，既不是兩國交兵，也不是官匪對抗：雖然明朝崇禎帝自縊後所謂的王朝在後世認為已經終止，但在這個年代人們還是普遍性地認為「永歷」與「清」之間是國與國之間的關係。姜瓖本人因為先為明將，後為清將，之後再次起兵反清，號稱「重為明臣，誓逐韃虜」，所以被雙方各自定義為「官軍」，勉強類比，很像是後世的「軍閥」。「天子者，兵強馬壯者為之」的說法在這位曾經掌控著大同這座天下九邊重中之重的軍鎮的領兵者的心中時時迴響，所謂「明朝正朔」，所謂「華夷之辨」，或者只是一個說法，一個旗幟。

但張斗光與姜瓖稍有不同，他本人並不是明朝朝廷的官員，讓人意外的是，他還曾經中過舉，後來他遭受了當地官員的陷害，沒有取得更高的功名。當神州陸沉之時，姜瓖等山西地方大員幾乎是望風而逃，傳檄而定，之後搖身一變，仍然是原來的官職，真可謂城頭變幻大王旗。而身為民間一員的張斗光卻決定舉起反旗，推翻清廷。因為曾經陷害他的官員竟然還繼續在原來的位置上，所以，張斗光「造反」的第一件事就是「殺官」—— 那位當年陷害他的官員，最終付出了生命的代價。

正因為張斗光本人淋過雨，所以知道為別人撐傘的重要性，隨著姜瓖反正，他也迅速擴大了自己團隊的規模，從山中殺出後，並沒有像一般的起義軍那樣痴迷於占地盤、擴編和搶糧搶錢，而是在澤州各縣設置官吏，建立政權，查辦冤案，建立賦稅制度，一副長遠經營、徹底扎根的架勢。也正因為他本人未受前朝腐敗官吏的所謂「習慣」的影響，所以即使這一套新體制效率不高，立意不遠，但相比之前，百姓們仍然覺得身上一輕，眼前一亮。所以張斗光深受百姓擁護，青壯年紛紛參加他的抗清團隊。

在這次抗清鬥爭中，山西好多前明朝官員和地方紳士都紛紛起兵抗清，身邊有人勸張斗光索性把「事業」擴大。最近二十多年名傳天下的「闖王」、「滿天星」的事蹟，早就讓一些人知道有了軍隊應該如何去做，張斗光想得到地方紳士的投效，以便獲得穩定的財政支持。畢竟，某種程度上，獲得了地方士紳，就是獲得了地方民心，也就是獲得了地方實力。其中中道莊的陳昌期是當時晉城一帶最有名望的鄉紳，張斗光便決定請陳昌期共謀抗清大事。

於是張斗光寫了一封措辭懇切的書信，派員帶著厚禮去見陳昌期，請陳昌期前來共事。張斗光的使者來到陳昌期家，送上金帛禮品，說明來意。在信中張斗光解釋了目前的局面。

此時陳昌期看著手中的書信，沉默不語。他生命中的大部分時間都處在王朝末期，尤其是王朝崩潰前後的那十年，天地間無一處淨土，即使中道莊是在小山窩中，但時代的巨浪仍然不時地推動著小股的武裝勢力出現在他和他的家族面前。身為地方大族，他們這樣的人在遇到這樣的武裝勢力時差不多都是固定的流程，無論對方勢力大小，肯定不會一上來就惡言相向，畢竟老話說得好，一無所有者無所畏懼，他們都是「瓷器」，何苦要和他們硬碰硬？所以都是說點好話，送點銀子。當然話說回來，也要展現一下實力。這些武裝勢力大部分都沒什麼見識，一旦掌握了權力，難免會有些膨脹，認不清彼此位置，有些就會獅子大開口，自以為是獅虎而把這些地方大族視為嘴邊之肉。展示「肌肉」也是為了避免產生衝突，到時候即使能夠勝利，畢竟也是傷敵一千自損八百的事情，就算自損只有一百，那也是沒有必要的損失。

陳昌期把信遞給坐在一邊的陳廷敬，轉頭看看使者。來人年紀不大，也不魯莽，不像是流竄各地的土匪，進了大廳不畏畏縮縮，也沒有目露貪婪之色，說起來也不愧是張斗光的部下，看樣子這個張斗光在信中所說已經與南邊的朝廷聯絡上了，或許不是無稽之談。而使者看到陳昌期有說話的意思，也是目露期盼之情。

最終，使者聽到了陳昌期的回答：「貴使請回報張將軍，陳家敢不從命。」

送使者離開後，陳昌期帶著陳廷敬回到後宅，陳廷敬的大伯陳昌言正在等著他們。

崇禎十七年三月十九，大順軍攻克北京，明朝崇禎皇帝朱由檢自縊身死，象徵著明朝的覆亡。四月二十二，吳三桂引清兵入關，由於兵力懸殊，大順軍大敗。大順軍於四月三十退出北京，隨後率軍經山西進入陝西。就在李自成退出北京之時，明朝的大批官員也趁此機會逃出京城，推測陳昌言就是在此時逃回陽城縣中道莊的。

說起來，此時屋中的三人對這件事其實是三種不同的態度。此時的陳廷敬血氣方剛，讀書正是興味盎然之際，逢此亂世，又是事涉華夷大防、正朔偽朝爭辨的大事，過往先賢往聖的話語不停地衝擊著他的心房，因此今日一看來信，他的立場就站在張斗光一旁了，心中是一千個一萬個願意。陳昌期因其兄昌言在外當官，他便在籍治家，奉養老母范氏。一方面是事務繁多，個人天賦也並不特別出眾，所以他的眼光就一直局限在眼前這小小的澤州之中。在他看來，城頭變幻大王旗，卻總缺不了他們這樣的鄉紳，因此只要家不破，這個世道變來變去，他們總也能生存下去。換句話說，誰當上皇帝其實對他們來說沒有什麼差別的，就好像《三國志》中魯肅對孫權說的那樣：「今肅可迎操耳，如將軍，不可也。何以言之？今肅迎操，操當以肅還付鄉黨。品其名位，猶不失下曹從事，乘犢車、從吏卒、交遊士林、累官故不失州郡也。將軍迎操，欲安所歸？」反正他們的利益不會受損，禮送出境而已。

陳昌言對這件事的態度卻與他們完全不同。首先這是立場問題，而決定立場的，不應該是情緒或者衝動，應該是客觀的利益判斷。姪兒的態度太幼稚，弟弟的態度又太無知，某種程度上，這兩種態度的危險程度是一樣的。因為他十分確定，目前這場波及全省，甚至隱隱有波及全國趨勢的「反清」浪潮，一定不會成功，甚至馬上就要失敗了。因為他們沒有見過清廷的軍事力量是何等的強大。

陳昌期兄弟三人，老三昌齊此時已經不在世，大哥昌言甚至沒有趕上為自己最小的弟弟送行。那是崇禎十一年的臘月，正好遇到清兵內犯，道路阻隔，他無法返家。他說：「計聞訃日，亡弟已蓋棺五旬餘，因奴酋內犯，道里為梗耳。」（〈明澤庠生陳大虞配楊氏合葬墓誌銘〉）所謂的清兵內犯，指的是「明崇禎十一年清軍入關，前後破畿輔州縣四十三，山東州縣十八，擄掠人口四十六萬餘人，直到次年三月才出青山口而去」。那一年，昌言因為政績良好，經過考核其績效，被調到京城裡任御史，之後巡按山東，正好遇到清兵入關。

所以，三人中昌言的態度最堅定，不能選擇義軍，也不能綏靖騎牆，因為清軍的力量最大，必然是最後的勝利者，此時態度的不正確、立場的不堅定，在將來都必然會對陳家帶來傷害。

昌期與兄長的關係好，並且一直信任兄長的判斷，因此立刻起身出門，安排手下人去追回剛剛的使者。可是陳廷敬還是個年輕人，此時看著行為與聖賢教導完全相反的伯父，只覺得曾經的偶像光環黯淡，甚至破滅了。

昌言看著眼前的姪兒，知道他心中所想，卻沒有做什麼解釋，只是跟他說，有什麼疑惑，去問問兄長陳元。

廷敬去找陳元且不提，張斗光的使者被陳家僕人追上迎回後滿頭霧水，甚至心中隱隱有所猜測：莫不是陳家要讓自己帶些禮物回去？卻沒想到再次見到陳昌期時竟然連斗築居的大門都進不去了。當著大家的面，陳昌期撕碎了張斗光的書信，把剛剛收下的禮物都抬了出來扔在門口，怒罵曰：「賊奴死在旦夕耳，敢脅我耶！」（〈魚山府君行狀〉）

張斗光的使者無奈，只好回澤州覆命。

張斗光得知陳昌期不願合作，便率軍數千人於薄暮時分來到中道莊，將城堡團團圍住，雲梯、大砲、火器諸物，無不具備。

陳昌期立即集中家丁，指揮家丁迅速收拾武器，準備守城，並且和他們說：「受恩本朝，為臣子，誓不陷身於賊。賊反覆倡亂，此特貸命漏刻耳！吾已度外接妻子，若汝曹丕協力堅守，一旦為賊所汙，異時王師至，無噍類矣。」陳昌期的妻子張氏哭著告訴昌期說：「吾必不辱君，堡破請先死，君其勉之！」當時張氏剛生第三女，猶在產褥期中，她說：「此非安寢之時！」（〈母淑人行狀〉）於是立刻起床準備糧食飯菜，輔佐陳昌期守城，終夜未嘗解衣休息。

陳廷敬隨父陳昌期登城瞭望，此時他的內心十分複雜。堂兄陳元讀書比他成績還要好，又比他年長，已經從社會角度、家族角度為他分析了這次陳家做出選擇的原因。陳廷敬覺得不能說大伯昌言的選擇做錯了，但又確實覺得這次家族的選擇不那麼光彩。張斗光先禮後兵，又寫一封書信，言辭更為誠懇，曉以抗清復明之大義，以箭繫書，射於城上。陳昌期接到張斗光射上來的書信，陳廷敬伸手想看看，卻沒想到陳昌期目不正視，撕成碎片，說:「以身死忠，永無二念。」張斗光看到中道莊城堡堅固，預料難以攻下，便向陳昌期索取金銀財帛，以充軍餉。陳昌期說：「為大清守一塊土，金帛以勞守者，何賄賊為？」張斗光見陳昌期態度堅決，再無轉圜的餘地，便下令攻城，攻勢異常猛烈。陳昌期以重金賞賜守城壯丁，頑強抵抗，炮火矢石齊發。張斗光攻城數日，城即將破。陳昌期見情勢危急，異常恐慌，左思右想，無計可施。正在此萬分危急之時，張斗光軍忽然放開一角而去，然後全軍撤離。

原來在這前後，征西大將軍和碩親王滿達海軍攻克朔州、馬邑等處，明寧武總兵劉偉等投降。定西大將軍端重親王博洛軍攻克孝義、平遙、遼州、榆社等處。陝西總督孟喬芳和戶部侍郎額色帶領滿漢兵渡過黃河攻克蒲州、臨晉、河津、解州、猗氏等處，義軍首領白璋在滎河陣亡。九月二十二，陝西清軍攻克運城，明義軍元帥韓昭宣陣亡，戰死官兵一萬餘人，「屍滿街衢」；另一位首領虞胤趁亂逃出。同月，博洛、滿達海二親王會兵合攻汾州。十三夜間，用紅衣大砲猛轟北關，第二天從城牆坍塌處衝入城內，義軍所設巡撫姜建勳、布政使劉炳然突圍出城後被清軍擒殺。由於清軍攻破汾州後把城中百姓屠戮一空，嵐縣、永寧州（今離石縣）紳士唯恐同歸於盡，把義軍委派的知縣、知州綁赴軍前，開城投降。十月初四，滿達海軍用紅衣大砲攻破太谷縣；初十占領沁州，接著又攻克潞安（今長治市）。駐守澤州的陳杜得到消息，忙派人告知張斗光。張斗光聞訊，急率軍回救澤州。

十一月，清將博洛率領鎮國公韓岱、固山額真石廷柱、左夢庚等部在澤州擊敗反清義師，義軍部院陳杜、監軍道何守忠、守將張斗光等被擒殺。

值得一提的是，在這次撲殺反清起義的過程中，清軍除了破城之後屠城，也在追剿義軍的路上順便攻破了幾家堡寨，不少曾經在沁河流域也稱得上「家族」的勢力就此湮滅。獲知消息後的陳元對陳廷敬說：「被剿滅的人中有幾家是在接到張斗光的書信後表示支持的，還有幾家，也是像之前那樣，表示了口頭贊同的。敬弟，當此亂世，不得不慎哪！」

歷來治史者談及南明，大抵著眼於南方，不夠關注姜瓖、王永強等人的反清復明運動，很可能是受南明史籍影響過深。永歷朝廷雖然在口頭上以復明自任，但情報不明，從來沒有一個高瞻遠矚的策略計畫。在南明方面的史籍裡除了看到幾條姜瓖的記載以外，對山西、陝西各地風起雲湧的大規模反清運動顯得非常疏離，對清廷的精兵猛將全部調往山西，其他地方兵力單薄的窘境更是一無所知。永歷朝廷在全國反清復明運動處於高潮的時候，只知道江西、湖廣戰局逆轉，金聲桓、王得仁、李成棟、何騰蛟遇難，陷於張皇失措之中。

永曆君臣完全不了解譚泰、何洛會在穩定江西局勢後不敢深入廣東而撤兵北返，濟爾哈朗、勒克德渾出兵湖南原定目標是追剿李錦等為首的忠貞營，由於明督師閣部何騰蛟為爭功而胡亂指揮，糊里糊塗地被清軍擒殺，濟爾哈朗等趁勢暫時穩定了湖南局勢，顧不得原定目標就匆忙回京的原因。兩路清軍的北撤很明顯是清廷為了鞏固京畿的根本所在，永歷朝廷沉浸於金、王、李、何覆亡的悲痛之中，慶幸清軍未乘勝直下廣東、廣西，不知道這時正是清廷最吃緊的時刻。在將近一年時間裡，朱由榔、瞿式耜、杜永和、陳邦傅等人又過起太平的生活，局促在兩廣之地，勾心鬥角。直到清廷派孔有德、尚可喜、耿仲明率軍南下，才如夢初醒。

姜瓖、劉遷、王永強、虞胤等人的抗清鬥爭，一方面證明清朝在北方的統治遠未穩固，另一方面又證明滿洲八旗兵的作戰能力相當有限。江西、廣東反正後永歷朝廷及時封爵拜官，而山西、陝西的各支義軍首領大致上是遙奉明廷，自稱大將軍、大學士、巡撫、總兵，永歷朝廷似乎只知道姜瓖在大同反清，其他就不甚了解。山河阻隔固然是原因之一，但後來孫可望、李定國、魯監國、鄭成功等經常派密使深入清統治區聯絡各地潛伏的義士，相形之下永歷朝廷的目光短淺實在令人驚異。

陳元沒注意到，陳廷敬此時的目光，既沒有恐懼，也沒有害怕，他的心中，只是重複地響起張養浩的那曲〈山坡羊〉:「興，百姓苦；亡，百姓苦。」

四、唯有丹心老不迷

在距今約兩千七百年的時候，世界突然進入了智慧大爆炸的時期。在地中海之濱，希臘文明崛地而起，從蘇格拉底，經柏拉圖，到亞里斯多德，名師才高八斗，高徒學富五車。從米利都學派的誕生到犬儒派的衰落，唯物唯心，無神有神，摩肩擦踵，興亡交替。幾乎創設了當代政治學研究的一切形式：僭主制、寡頭制、貴族制、共和制、民主制、君主制等等。

尤為關鍵的是，他們提出了一種制度概念：每個公民都有選舉和被選舉權，官位輪流擔任，一年一選，且大多任期一屆，極少連任。這裡不採用代表制，不存在使命制，更容不得世襲制，一切都依公民的意志為轉移。

這是民主的雛形，在歷史的發展中，它演化為一種精神。也正是這種精神，構成了我們現今世界的主流文明核心。其影響力巨大如斯！

在神祕的恆河之畔，巨大的佛陀睡臥在人們內心的山巔。他的代表人物，是號稱一出生就前後左右各走了七步，立下「天上地下唯我獨尊」大宏願的釋迦牟尼（悉達多．喬達摩），他提倡的「不爭」、「輪迴」以及「因緣」、「平等」等觀點，雖然在印度本土被印度教擊敗而近乎絕滅，但卻透過中華文化而深深地嵌入了整個東亞文明當中，構成了某種深藏於血脈中的文明基因。

中華文明也在這個時期產生了大爆發的態勢：諸子百家，百家爭鳴。

其時正處春秋戰國，諸子百家彼此詰難，相互爭鳴，盛況空前。據《漢書．藝文志》記載，叫得出名字的派別一共有一百八十九家，四千三百二十四篇著作。其後的《隋書．經籍志》、《四庫全書總目》等書則記載「諸子百家」實有上千家。

當然，並不是所有的學說都能成功，流傳較廣、影響較大、較為著名的不過十二家而已。也就是說，只有十二家被發展成學派。而影響最大的也只有三家，即以孔子、老子、墨子為代表的三大哲學體系。

我們之所以認為這是一次文明大爆炸，是因為哲學深刻地影響著每個人、每個國家、每個政體。換言之，它既是一種整體層面的理念，可以供人探討，也是一種細部層面的規則，可以讓人執行。在我們這個孤獨的星球之上，在誕生了人類的前後約四萬年的時光中，假如有某種東西是真正讓我們與其他生物有所區別的，應該是人類可以思考。而這種思考的最巔峰的成果，就是哲學。

漢武帝時，「罷黜百家，獨尊儒術」來了，於是以孔子、孟子為代表的儒家思想成為正統思想，統治了中國的思想、文化並一直持續到封建時代的終結。也就是說，在那次文明爆發之後的整整兩千年，這片土地上的中心思想其實沒有發生過什麼質的變化。當然這也很好理解，因為生活的環境沒有發生質的變化，所以看待世界的方式就難以產生巨大改變。

所以，隨著時間流逝，讓人不無沮喪地看到，整個世界似乎慢慢地在進步，人民的生產能力也在逐步增強（清朝末年的中國人口是三國時期人口數的近十三倍，糧食生產能力是隋末時期的近二十七倍，領土面積是秦朝時期的近十一倍），可是人們的精神世界卻在逐步枯萎。從西周共和元年的「人民暴動」，漸漸有了「普天之下，莫非王土」的概念，然後有了「天子」，有了「君臣父子」，有了禮教綱常。到了宋，開始出現「程朱理學」；到了明，有了「陽明心學」；到了清朝，就連心學這樣的空間也消失了，只剩下一些殘山剩水、考據訓詁之學了。

就好像物質越是發達，精神就越是受到桎梏。

大概在一百年前，一種誕生於康德和黑格爾的哲學體系對此曾有過解讀。他們認為，這是基於「統治階級」的需求而產生的必然現象。假如從階級的角度出發來看待這樣的歷史，原因會變得很清晰：統治者需要一種能夠讓被統治者接受並進而身體力行的思想，這樣的思想可以使生產力和統治結構達到某種平衡，讓整個社會可以平穩運作。

馬克思的哲學體系確實從「階級論」和「相對論」的角度為分析歷史提供了有力的依據，是天才般的創見。也正是這樣的觀察角度，讓我們明白，指望在這個時期和這個系統內部的生活者跳出框架產生另外的思想，在現實上是不可能的。尤其是個人，在整個歷史洪流中如此微不足道，他終將，也必然只能產生疑問，但無法解決疑問。

陳廷敬也不例外。

在職場四年之後，二十五歲（康熙元年）時，陳廷敬「以病請假回鄉」，至二十八歲「康熙四年，補原官」。這是關於陳廷敬研究當中不應被忽視卻總是被忽視的一個重要階段。關於返鄉的原因，他自己說是「以病請假歸里」。而另有記載說：「澤州陳文貞公性至孝，始登籍，聞太夫人病，即歸省。」即說他是因母親有病而回家。但，自病也好，母病也罷，史料上均無詳情可查，其真正原因很難確定。

不過據分析，陳廷敬從順治十五年赴京參加會試，加之庶吉士三年的學習，到康熙元年，前後已有五個年頭。在這漫長的歲月裡，離鄉背井、隻身在外的陳廷敬，肯定會有思鄉、思親的情緒，想回家去看看乃是人之常情。所以無論是自己的身體有所不適，還是可能母親有些病恙，都能成為他請假的藉口。但也不能排除是清朝政局的原因。

因為就在這前一年即順治十八年，清朝「四大疑案」的「順治出家」也發生了。

其內容是，順治寵愛貴妃董氏，感情甚篤，後來董氏香消玉殞，順治帝追思不能自已，於是決定放棄江山，甘與青燈古佛為伴，以謝美人情深。這個疑案流傳甚廣，有更詳細的細節稱「董妃」就是曾經的名妓「董小宛」的，有稱順治出家後落腳於五臺山的，有稱他拜師玉林和尚的，還有的言之鑿鑿說曾經在五臺山見過皇帝和尚的等等，不一而足。

《清史稿》記載：

順治十八年正月初二日，順治帝患痘，病危。召原任大學士麻勒吉、學士王熙起草遺詔。初七日，逝於養心殿。

遺詔立第三子玄燁為太子，特命內大臣索尼、蘇克薩哈、遏必隆、鰲拜四大臣輔政，輔佐年僅八歲的幼齋。

初八日，遣官頒行遺詔於全國。

初九日，玄燁即皇帝位。

也就是說之前那些資訊都不是真的，和歷史上對明武宗正德皇帝的紀錄類似，是對皇帝形象的抹黑，當時的書生，想要抒發的無非是某種憤怒和痛恨。類似最成功的就是呂不韋是秦始皇的親生父親這個說法，千載之後仍有大量的後人津津樂道並深信不疑。

出現這樣大規模的對皇帝汙衊的事件，必然是因為一些政策影響了某些階層的利益。假如是漢人書生說這些話，那麼是因為民族之別，以及明顯的因為被壓制而導致的反彈，可以理解；可是大量的滿人也在訴說這樣的「傳奇」就不好解釋了。

這一年，陳廷敬二十五歲；這一年，陳廷敬已經完成了在翰林院的學業；這一年，他當了會試同考官；這一年，他已經有了正經的官職 —— 內祕書院檢討。

也是在這一年的年末和第二年康熙元年初，他請病假回鄉了。順治的遺詔實為罪己詔，他總共為自己羅列了十四條罪過，主要是未能遵守祖制，漸染漢俗；重用漢官，致使滿臣無心任事。只看這遺詔內容，我們可以明白兩件事：皇帝真的死了，遺詔是假的。

順治十分欽佩朱元璋誅戮大臣以重法治世的經驗，對首先迎降的恭順侯、漕運總督吳維華，因為貪一萬兩，「革職，永不敘用，贓追入宮」。下令「今後貪官贓至十兩者，免其籍沒，責四十板流徙西北地方」，「衙役犯贓一兩以上者流徙」，這些都是來自朱元璋。說他欣賞漢家制度，不是因為他對某些皇帝或某些政策的喜好，這只是表面因素，是說出來好聽的。根本原因是因為明朝的制度是「皇權集中制」，而剛入關的清廷正在行使的還是「議政制」。順治身為皇帝，他會傾向哪邊，這還用問嗎？以此可見，所謂的遺詔「罪己」絕不可能是真。

而這樣一份不可能是真的遺詔卻可以堂而皇之地出現，並進而昭告天下，也只有皇帝死了才有可能發生，其原因也是不言自明的。它的背後，正是滿漢之爭，也是制度之爭，最根本的，還是權力之爭。

總之，八歲的愛新覺羅．玄燁登基上位。

陳廷敬也參加了登基大典。在那裡，他看到的不只是皇帝威嚴，他還看到了權臣跋扈。

靈堂設在養心殿。一床陀羅經被，黃緞面上用金線織滿了梵字經文，鋪蓋在皇帝的梓宮 —— 金匱之中。安息香插在靈柩前的一尊鎏金宣德爐內。一道懿旨傳下，文武百官都摘掉了披拂在大帽子上的紅纓。禮部堂官早擬了新皇御極的各項禮儀程序：先成衣，再頒遺詔，舉行登基大禮。

巳時初刻，大行皇帝開始小殮。上了殿階，索尼上前撩袍跪下，三大臣也都長跪在地。索尼高聲道：「請皇太子入殿成禮！」說完一回頭，見鰲拜趨跪之間，竟與自己並列在前等候玄燁入殿，遂回頭低聲而嚴肅地說：「請鰲公自愛！」鰲拜一向對索尼畏忌。只好收斂一點，憋著氣跪退了半步。

玄燁踏進殿內，西暖閣中素幔白幃，香煙繚繞，十分莊重肅穆。中間的牌位上金字閃亮，上書「世祖體天隆運定統建極英睿欽文顯武大德弘功至仁純孝章皇帝之位」。按照索尼預先吩咐的，玄燁朝上行了三跪九叩首的大禮。早有內侍捧過一樽御酒，玄燁雙手擎起朝天一捧，輕酹靈前，禮成起身。在場的太監、王公、貝勒舉哀，呼天搶地，齊聲嚎啕。這就算「奉安」了。

從此刻起，皇太子便算送別了「大行皇帝」，在其靈柩前即位了。

玄燁登基，輔臣專權，他們便開始了一系列的「率祖制，復舊章」和打擊漢族官吏、排擠漢族文化的行為。當然，我們看到的排擠漢族文化也好，打擊漢族官吏也罷，核心還是「率祖制，復舊章」。他們要名正言順地掌控「最高權力」。

首先進行的，是再次「圈地」。

康熙五年正月，鰲拜執意更換旗地。蘇克薩哈力阻，大學士、戶部尚書蘇納海，直隸、山東、河南三省總督朱昌祚，巡撫王登聯上疏力諫。鰲拜惱羞成怒，利用職權將蘇納海、朱昌祚、王登聯下獄議罪。康熙特召輔臣詢問。鰲拜請將蘇納海等置重典，索尼、遏必隆不能爭，獨蘇克薩哈緘默不語。康熙故不允其請。而鰲拜卻矯詔，將三人誅殺棄市。

以上種種，假如從「皇帝」的身分出發，當然會得出鰲拜是「權臣」的結論，但假如從「議政」的角度出發，就可以看出此時的鰲拜認為自己正在行使當然的權力，所以，他發出的命令就是「詔書」，不是「矯詔」。

有很多現代的研究者把這個時期的鰲拜塑造成專權者，其實是不妥的。他是殘暴的，粗魯的，甚至是看不起年幼的皇帝的，但他不是一個專權者，因為在當時，權力的運作和後期制度成熟後的運作是不一樣的。

世人總以為當時的鬥爭，和之前歷代的少主強臣一般，無非是爭奪權力的又一場戲碼。那實在小看了鰲拜。以當時鰲拜之煊赫、之地位（開國五大臣費英東之姪，滅明之戰的方面軍指揮官 —— 破牆後東路軍將軍，可稱滅國之功，稱號滿洲第一巴圖魯，爵封一等超武公），身邊一定有人會提醒、籌謀。我的意思是，傳說滿洲人都愛聽「三國」，更號稱學著《三國演義》中的「蔣幹盜書」使反間計騙得崇禎殺了袁崇煥，那麼鰲拜又怎麼可能不知道何進赤手空拳進皇宮，被太監持劍誅殺的故事？

這可是《三國演義》第一篇，展開了三國時間線的大事件。鰲拜沒理由不知道，他身邊的人也沒理由不提醒他，但他還是讓小孩子（康熙八歲踐祚，時年十七）帶著一幫類似於學雜耍的小孩，就把自己這在百萬軍中殺進殺出的疆場猛士拿下。更神奇的是，他被拿下之後，竟然一直被關著直到死在牢中。

就算鰲拜已經富貴日久，失去了勇士的尊嚴（「巴圖魯」就是滿語中勇士的意思），不能自我了斷，但長久以來被欺壓，對他恨之入骨，以至於做出了英明聖主才能做出的「清除國賊」舉動的愛新覺羅·玄燁，為什麼在拿下鰲拜之後沒有立刻將之誅殺賜死，反而將這個仇人養在獄中？這就很難解釋了！

從這一點來看，所謂康熙除鰲拜，實際上是當時的兩個勢力，甚至是兩種思想之間的爭鬥。

勢力，自然一邊是皇帝，一邊是大臣。回首歷史，這樣的事情已經發生了很多次。漢初劉邦不喜歡自己當了皇帝之後還被當年一起起家的兄弟同袍們平等對待，於是有了叔孫通治禮。朝堂肅然之後，劉邦感嘆道：「吾乃今日知為皇帝之貴也。」宋初趙匡胤也一樣。他在立朝之後，覺得臣下與自己一樣都坐著椅子就心裡不舒服。於是趙匡胤登基第二天，在宰相范質奏事時，趙匡胤一邊讓他上前把文稿遞過來，一邊讓太監把范質的椅子搬走。當范質再回到原位時，發現椅子沒了，只能站著。其餘的大臣一看宰相都沒地方坐了，於是自己也都站了起來。宋太祖這才龍心大悅。

皇帝，事實上完全是另外一個種屬的生物，不能以人之常情視之。他們就是要高人一等，就是要高高在上。越是到後世，皇權帶來的便利越多，這種想法就越牢固！

而女真呢？滿族這個族名，尚且是努爾哈赤在兼併了五十多個小部族之後才祭告上天改稱的，然後學著遠交近攻，不停地和小部族結盟，不停地聯姻蒙古，才變得如此壯大。這樣的族群，在開始的時候只能選擇「合議制」，只有這樣才能平衡各方勢力。可當他們進入中原，見識到了更先進的政治制度、物華文明後，自然會有改變的心思，尤其是既得利益最大的皇族。

可是一旦完全按照中原文明推立一個高高在上的皇帝，那麼其他原來的統治階層立刻就會不平衡：皇帝將從名義上的「最強者」變成「統治者」，而其他統治階層的地位則從「同盟者」變成「被統治者」，他們肯定不願意，於是只能鬥爭。好在滿族人還保留著一點理智：作為小小二百萬人口的民族，進入中原統治這麼龐大的地方，絕對不能內亂。所以大臣一方不反，皇帝一方不殺。這才是鰲拜能夠不死的原因。

要特別指出的是，後世的人提到這一段時，多強調四大臣輔政的朝廷格局變化，或者強調鰲拜與蘇克薩哈之間鬥爭的此起彼伏，著眼點都在「宏大」，誰又能想到，此時關內已承平近二十年，老百姓早已扎根安家，突然之間鰲拜提出「換地」，百姓又要經歷怎樣的流離動盪？

陳廷敬畢竟年輕，眼看世事如此，怎會沒有思考？當然，這樣的思考，也不僅止於對百姓悲切、對滿漢對抗的憤懣，還包含著對自身道路的選擇。所以他請病假。向朝廷請假，回了老家。對陳廷敬「請病假」三年之疑，值得從以下三點進行分析：

一是陳廷敬所得之病，其前後之記述，語焉不詳，只言「病」，不言何病之有。再者，若有真需三年調治之疾，為何不在名醫雲集之京師求診？

二是三年回鄉，為的是治病。但從其遺文中，只看到他侍奉父母、研究學問，曾往洛陽等地遊覽的事情，並無求醫問藥之事出現，其「請病假」如同休假一般。

三是由前文情勢分析，陳廷敬「以病請假回鄉」的真實原因，可以從兩方面猜測與分析：一方面，他在朝四年中，有一直以來的巨大困惑得不到解決。再加上康熙帝玄燁登基（陳廷敬曾參加了這一隆重儀式）之後，時帝年幼（僅八歲），由索尼、鰲拜、蘇克薩哈等輔政，其核心統治勢力內在衝突嚴重。陳廷敬對此深感難以應付，需做認真思索。另一方面，對他「延問如家人」、欣賞有加的順治帝突然去世，他要用什麼樣的身分、什麼樣的姿態來繼續自己的仕途，也的確需要暫時跳出局外，進行思考。以病為名，回鄉作瞻前顧後之思，亦符合情理。

反觀陳廷敬入仕之前，曾在府學潞安就讀，多次輾轉於省城太原參加鄉試，定有三兩良師益友。因此，在他「請病假」三年中，會有尋訪討教之舉。

魏象樞，山西蔚州（今河北蔚縣）人，順治三年中進士。曾在朝為高官，與陳廷敬善。此人在其官任之時，就曾往祁縣之丹楓閣，與傅山等有密交之訪，以求智者賢者指教。故陳廷敬在這個時期，在與家族宗親討教之餘，極可能拜訪省內信得過之智者，求教在朝安身立命之舉。此言非為空穴之風，因為在陳廷敬「請病假」之時，北方反對清軍之義軍多失利，此時，學者多在山林究學。

康熙二年，傅山往河南輝縣百泉過訪孫奇逢，此地距晉城近在咫尺，陳廷敬很可能在此時拜訪過傅山。因為在康熙二十一年傅山辭世時，魏象樞、陳廷敬所制之祭文中有「儒林慟失其師表兮，四方聞訃而含悲」（《霜紅龕集》）之言。陳廷敬文集中也有一篇〈懷傅隱君青主〉，其中有「汾水相思處，殘陽幾度斜」（《午亭文編》）之言，說他和傅山深有交往晤談。所以「病休」期間，陳廷敬是極有可能去拜會傅山的。

此外，在陳廷敬以後的治學中，其思想觀點、方法的主要方向，也與傅山多有契合，此絕非出於偶然。傅山傅青主者，幾乎是近代山西最有名的學者。這裡我們不多說他的學術成就，來看看他的行事。

傅山的老師是袁繼咸，明末海內咸知的耿直之臣。提學山西時，以「立法嚴而用意寬」的精神宗旨，不拘一格，選拔人才。他極重文章、氣節的教育，對傅山影響頗深。傅山亦以學業精湛、重氣節得意於袁氏門下。崇禎九年，魏忠賢死黨山西巡按御史張孫振，捏造罪名誣告袁繼咸，陷其京師獄中。傅山為袁抱不平，與薛宗周等與生員百餘名，聯名上疏，步行赴京為袁訴冤請願。他領眾生員在京城四處印發揭帖，申明真相，並兩次出堂作證。經過長達七八個月的鬥爭，方使袁繼咸冤案得以昭雪，官復武昌道。袁繼咸平反之日，魏忠賢的走卒張孫振，亦以誣陷罪受到謫戍的懲罰。這次抗爭的勝利震撼全國，傅山得到了崇高的榮譽和讚揚，名揚京師乃至全國。

崇禎十六年，傅山受聘於三立書院講學。未幾，李自成起義軍出發太原，傅山奉陪老母輾轉於平定嘉山。不久，起義軍、清軍先後攻占北京，明亡。傅山聞訊寫下「哭國書難著，依親命苟逃」的悲痛詩句。為表示對清廷剃髮的反抗，他拜壽陽五峰山道士郭靜中為師，因身著紅色道袍，遂號「朱衣道人」，別號「石道人」。朱衣者，朱姓之衣，暗含對亡明的懷念;石道者，如石之堅，示意絕不向清朝屈服。可見，傅山出家並非出自本心，而是藉此作為自己忠君愛國、抗清復明的寄託和掩護。

清軍入關建都北京之初，各地抗清之潮此起彼落，聲勢盛大。傅山渴望南明王朝日益強大，早日北上驅逐清王朝，匡復明室，並積極聯絡桂王派來山西的總兵官宋謙，密謀策劃，累積實力，初定於順治十一年三月十五從河北武安五汲鎮起義，向北發展勢力。然而，機事不密，宋謙潛往武安不久，即被清軍捕獲，並供出了傅山。於是傅山被捕，被關押於太原府監獄。羈拘期間，傅山矢口否認與宋謙有政治上的關係，即便是嚴刑逼供，也只說宋謙曾求他醫病，遭到拒絕，遂懷恨在心。一年之後，清廷不得傅山口供，遂以「傅山的確誣報，相應釋宥」的判決將他釋放。

傅山出獄後，反清之心不改。大約在順治十四年至順治十六年間，曾南下江淮視察了解反清形勢。當確知清室日趨鞏固，已無望復明時，遂返回太原，隱居於城郊僻壤，自謂僑公，那些「松喬」、「僑黃」的別號就取之於此後，寓意明亡之後，自己已無國無家，只是到處做客罷了。他的「太原人作太原僑」的詩句，正是這種痛苦心情的寫照。

康熙二年，參加南明政權的崑山顧炎武尋訪英雄豪傑，來太原找到傅山，兩人抗清志趣相投，結為好友，自此過從甚密。他們商定組成票號，作為反清的經濟支援機構。此後傅山又先後與申涵光、孫奇逢、李因篤、屈大鈞以及王顯祚、閻若璩等堅持反清立場的名人學者多有往來。尤其是曾在山東帶頭起義的閻爾梅，也來太原與傅山會晤，並與傅山結為「歲寒之盟」。

為了籠絡人心，消除亡明遺老們的反清意識，康熙帝在清政府逐漸穩定的康熙十七年頒詔天下，令三品以上官員推薦「學行兼優、文詞卓越之人」，「朕將親試錄用」。給事中李宗孔、劉沛先後推薦傅山應博學鴻詞試。傅山稱病推辭，陽曲知縣戴夢熊奉命促駕，強行將傅山招往北京。至北京後，傅山繼續稱病，臥床不起。清廷宰相馮溥等滿漢大員隆重禮遇，多次拜望勸說，傅山靠坐床頭淡然處之。他既以病而拒絕參加考試，又在皇帝恩准免試、授封「內閣中書」之職時，仍不叩頭謝恩。康熙皇帝面對傅山如此舉動並不惱怒，反而表示要「優禮處士」，詔令「傅山文學素著，念其年邁，特授內閣中書，著地方官存問」。

傅山由京返並後，地方諸官聞訊皆去拜望，並以「內閣中書」稱呼之。對此，傅山低頭閉目，不語不應，泰然處之。陽曲知縣戴氏奉命在他家門首懸掛「鳳閣蒲輪」的額匾，傅山凜然拒絕，毫不客氣。他仍自稱為民，避居鄉間，同官府若水火，表現了自己「尚志高風，介然如石」的品格和氣節。

這樣的一個人，身體力行地展示給天下看：當一個人不願迎合政權時，或者說不願意為「異族」效力時，甚至再深一點，不願意為了現實而犧牲「理想」時，他的靈魂會是什麼顏色。

這個山西人，為還在黑暗中摸索的陳廷敬帶來一線光亮。

到此為止的推論，沒有正面的證據可以支持，因此大部分學者都用了「推測」來定義。

我們有一個反面的證據。

「我家太行盡處村」是陳廷敬的一首詩作〈洞陽山〉中的第一句。這首詩就是寫於這個時期。這個時期陳廷敬寫了很多詩，後來他把在二十一歲至二十五歲這五年間所寫的詩整合成詩集《參野詩選》。

「詩以言志」，我們可以透過這些作品看到他當時的想法和思考的脈絡及結果，而此書失傳，這就很有意思了。作於同一時期的《午亭詩二十首》被完整地保留了下來。其內容是他的日常生活和感受，並無涉及學習內容和思考結果。這就意味著這個時期的作品被陳廷敬刻意分成了兩個部分，《午亭詩二十首》記錄生活和感受，《參野詩選》則記錄思考和感悟。結果，同一時期的兩本作品一本保留，一本消失，消失的是有可能對制度有思考、有批判的那本。不得不讓人懷疑是陳廷敬故意所為。

而假如這個說法成立，那麼書中所記載的思考是什麼，也就不言而喻了。同樣地，陳廷敬在這個時期的記錄中並沒有具體提到傅山的名字，他一直在說的是另一個山西同鄉人的學說。這個山西同鄉人，也是大學問家。前面我們提到過他，他是薛瑄。

關於薛瑄，前面已有過介紹，與王陽明的心學二分天下，足以可見他的學說之高深有名。大致上來說，其內涵有三：第一，對「理」、「氣」的解讀和再定義；第二，「復性」說中對「性」的再定義和對「如何復」的闡發；第三，實學，也稱為事功學說。

「康熙元年……請假回鄉，得河津薛文清公之書，專心洛閩之學。」（《午亭山人年譜》）

「七歲，得鄉先賢薛文清公《讀書錄》，遂立志以河津為師。」（《國朝名臣言行錄》）

「三年三月，撰〈故曾叔祖處士忠齋公墓碑〉。另有〈耆卦賦〉、〈河圖洛書賦〉、〈伏羲先天策數本河圖中五解〉、〈錫土姓說〉、〈河圖中五生數解〉、〈伏羲先天卦爻解〉等。」（《午亭文編》）

洛閩之學就是洛學和閩學。其中，洛學是程家兄弟的理學，閩學是朱熹的理學。他們三人的學說合起來就是程朱理學。宋明理學，就是這三人再加上薛瑄的實學和王陽明的心學的統稱，由此可知薛瑄的學問有多厲害。

但薛瑄的學說明顯是對朱熹學說的一種鬆綁，或者說，薛瑄的「實學」更加務「實」而不務「虛」。這在講究學問要高蹈，要玄虛的時代很不容易，他本人更因此被稱為「實踐之儒」。某種意義上，心學的知行合一也一樣在解決「大學問」與「小人生」之間的連結問題，這也正是他與王陽明的學說能夠在那時風靡一時的原因吧！

要把高高在上的規律與每個人的生活、行動相互連結，正是儒家一直以來孜孜以求的目標。許多人強調的修齊治平，修身齊家治國平天下，說的就是每個人的目標。

那麼這些要怎麼做到呢？

古之欲明明德於天下者，先治其國；欲治其國者，先齊其家；欲齊其家者，先修其身；欲修其身者，先正其心；欲正其心者，先誠其意；欲誠其意者，先致其知。致知在格物。

物格而後知至，知至而後意誠，意誠而後心正，心正而後身修，身修而後家齊，家齊而後國治，國治而後天下平。

自天子以至於庶人，一是皆以修身為本。

這段話出自《禮記·大學》。初次讀文，大家都覺得此文非常具有說服性。但我要說的是文中提到的這些事究竟應該怎麼做呢？就說格物，究竟應該怎麼格？王陽明曾經格竹子，格了一個月，什麼也沒格出來。怎麼格？怎麼判斷格出來的東西？格的規律是什麼？

假如先賢關於格物的說法是有效的，螟蛉義子的說法就不可能堂而皇之地寫在書上。受過現代教育的人一眼就可以看出，以上的說法作為規律，缺少更基礎的工具，缺少可以被討論的資料，缺少被定義的標準。在這方面努力，可以形成科學。可惜，因為「格物」太基礎，於是被認為「低階」，研究這些被稱為「不務正業」，取得的成績被視為「奇技淫巧」，實在可憐可嘆。

明中期以後，儒學走到陽明心學和薛瑄實學這一步，正是天下人對空談和對人性越來越桎梏的理學的反彈，是「人」對「世界觀」要求的具體展現。此時心中迷茫的陳廷敬，缺少一個具體可行的引導。發現、或者說再發現薛瑄的理論學說，讓他再次如獲至寶，有具體的步驟，有可執行的策略、可驗證的目標，本身就具備豐富的學識和豐富的實際經驗的陳廷敬，如飢似渴地學習著。他甚至意識到，這是他將來再次入仕，在為官路上的重要工具、主要武器。

事實確實如此，從後世的觀點看，陳廷敬所找到的這條路、掌握的這條理論，叫做「理論結合實務」，具備巨大的解放思想的力量理論結合實務經驗，正是這樣的觀點引領著陳廷敬在後來走出了與當時的絕大多數讀書人不一樣的道路：完善制度，保住漢家文明。

我們前面提到的顧炎武，他對國家的定義是：「有亡國，有亡天下。亡國與亡天下奚辨？曰：易姓改號，謂之亡國。仁義充塞，而至於率獸食人，人將相食，謂之亡天下。」（《日知錄》）

對陳廷敬來說，幫助皇帝建立權威，使得野蠻的「議政制度」不再殘害自己的同胞，很有可能是一條成功的道路。於是，已經重新堅定信念的陳廷敬，踏上了回京的道路。

他首先要做的，就是建立與新皇帝之間的連結。

五、一遇風雲變化龍

康熙六年七月，十四歲的康熙端坐在養心殿的書桌前，手中捧著書，但看似認真的神色下，眼睛卻無神，明顯在思考著什麼。

總管太監顧問行壓低身子，快步走了進來，低聲對康熙說道：「皇上，今天侍讀的翰林們到了，您看？」

康熙回過神來，眼底深處閃過一絲厭惡，沉聲說道：「又是誰家的人？」

顧問行想了想：「本來安排的是阿布哈，不過後來被鰲拜大人換成了剋剋仁和阿那乎。」

康熙：「阿布哈是誰推薦的？」

顧問行：「是遏必隆大人。」

康熙深深吸了一口氣：「把剋剋仁和阿那乎換了。」

顧問行彎腰說：「嗻。」後退幾步側身走到殿門，卻不防殿門猛地被推開。

顧問行臉一沉，咬著牙說道：「大膽……」

話音未落，顧問行看到了來人，頓時住口。

鰲拜站在門外，眼神陰沉地看著顧問行。顧問行臉皮抽搐了一下，但還是擠出一絲笑容，大聲說道：「鰲拜鰲少保拜見陛下！」

鰲拜的眼神越過顧問行，臉上湧起笑容，大聲喊道：「皇上，臣鰲拜來拜見您了。」說著話，擠開了顧問行，邁進養心殿。

顧問行回頭看看臉上也已經湧起笑容，甚至站起身來的康熙。

伴隨著起身動作，康熙微不可察地擺了擺手。

顧問行出了殿門，門邊的兩個小太監關上殿門後，他對站在不遠處的隨侍太監一點頭，就走向內祕書院的方向。

隨侍太監快步跟上，顧問行低聲說道：「找個理由，把門口的雜役和門監換了。」

隨侍太監連忙點頭：「小的明白。」

殿內的康熙和鰲拜已經相對而站，不知剛剛說過些什麼，二人臉上的笑容都消失了。

康熙說：「朕本月已經宣布親政，日常讀書備選理應自選，就不勞煩外廷眾位大臣費心了。」

鰲拜呵呵一笑說：「皇上這話說的，好像老臣想要管著皇上一般。」話語中「管著」二字特意加重，「要不是先前順治爺的囑託，害怕我們這大清江山有個磕碰，老臣早就什麼也不管，回家飲酒作樂了。」

康熙眼角一抽，他聽出了鰲拜話語中的威脅，點點頭說道：「鰲少保忠心為國，朕心深知。不過朕讀書這點事與這天下相比，不值一提，鰲少保也可多歇歇，養養精神，為朕，也為大清鞏固江山。」

鰲拜哈哈一笑，拱手道：「皇上有心了。不過先帝爺遺命臣為顧命大臣，就是為了輔佐皇上的，雖然皇上現在已經親政，可是畢竟聖壽只有十四，有些事還拿不穩。更何況皇上您讀書的事可不是小事，只要涉及皇上您的就沒有什麼小事，聖躬不穩則天下不安啊！」

康熙似笑非笑：「都說鰲少保一身功夫都在馬上，想不到對江山穩固見解也如此深刻，可見傳聞有誤，都小覷了少保了。」

鰲拜仰頭大笑：「皇上也一直叫我少保，那就是認我這個師父，我聽說師父就是要言傳身教，我肯定要為皇上做個榜樣。所以我每天回家，都要請讀書師父替我講講書的，不然，萬一皇上問起來，我講不清楚，說不明白，我這個師父可就丟臉啦。」

康熙點點頭：「是啊，少保有心了。」

鰲拜手一擺：「所以說這讀書的事是大事，既然皇上也認為我鰲拜做得還可以，那就先按照我說的來，如何？」

康熙盯著鰲拜看了一會，臉上浮出笑容：「當然，少保如此用心為朕，朕自然不會拒此好意。來人！」

旁邊出來一個太監，躬身聽旨。

康熙：「賞鰲少保明珠十顆，宮花一朵。」

鰲拜大咧咧地躬了躬身：「老臣謝皇上賞賜。」

康熙坐下：「既然少保安排周當，朕就準備開始讀書了，宣侍讀進殿吧！」

鰲拜上前一步：「且慢。」

康熙眼一凝：「嗯？」

鰲拜從手中拿出一紙奏摺：「臣還有本。」說著不等太監從他手中接過，自己上前一步，把奏摺遞給康熙。

康熙接過，一邊打開一邊問：「少保又有何軍國要事？」

鰲拜一笑：「臣劾蘇克薩哈大罪二十四條，請陛下誅之。」

內祕書院中，滿漢眾多翰林都在此聚集，讀書的讀書，做事的做事，顯而易見，漢族的翰林們對手中的事情更認真一點，而滿族的翰林們神態和動作都更放鬆。這倒是好理解，在他們心中，這天下就是自己家的，漢族的這些讀書人，不過是家中請來幫忙的外人罷了。

顧問行走到一間屋子門前，身邊的小太監上趕兩步把門打開，門內眾人向外看來，其中三人看到門外站著的是顧問行，第一反應是一邊站起身來，一邊看向對方。

顧問行面無表情：「聖上有旨，宣翰林克克仁、翰林阿那乎入內侍讀。」

剋剋仁和阿那乎微微吐了一口氣，跪地接旨:「臣遵旨。」

站起身來看向愣住的阿布哈，微微一笑，起身離去。阿布哈僵直著身體看著二人離去，周圍一片安靜。

清初的政治制度事實上來自兩個體系。一個是在白山黑水間崛起的少數民族樸素的政治觀念 —— 聯合大多數而產生的部落聯席制度，也就是「議政王大臣會議」；另一個就是已經在中原地區施行了近兩千年的「皇權」制度。我們前面已經講過，在順治朝和康熙初年，這兩種制度透過代表人物之間的鬥爭發生激烈衝突，其核心是對「權力」或者說「利益」分配的主導權的鬥爭，其間的表現形式又分為「帝位」之爭、新舊黨之爭、滿漢之爭等等。這些背景我們不進行更深的探討，只說陳廷敬等漢人官員天生的立場，就應該是傾向「皇權」的，傾向「皇帝」的，傾向「儒學」的。

這個立場選擇除去個人因素之外，還有自然形成的「階級」性 —— 這樣的制度或者說理念，是最「穩定」的 —— 而穩定，是普通百姓和讀書人普遍追求的目標。

此時剛剛親政的康熙，他所能尋找到的支持力量，按照同一邏輯，其實也十分明顯了。當然，他要優中選優。於是，在退一步的情況下，康熙以同意鰲拜處死蘇克薩哈一家的條件，換得了自己選擇侍讀的權力。

康熙六年九月初五，蘇克薩哈被押赴刑場，而初六，康熙派顧問行召來了繆彤等四位各榜的漢人狀元。從順治三年開始開科，到今年康熙六年，共產生了滿漢十四位狀元，但十二位漢人狀元中活到現在的只有這四位了，即使和陳廷敬同榜的狀元孫承恩，在中狀元次年也去世了。

康熙看著面前恭恭敬敬的狀元郎們，聲音沉靜地問道：「各位魁元均是天下英才，不知可懂農書？」

狀元們無一例外都是一愣，過了很久，年紀最大的順治十二年狀元史大成開口說道：「臣等日讀詩書，久疏農耕，不敢說懂。」

其餘三位也下跪謝罪：「臣惶恐。」

康熙點點頭：「還算誠實。」

四人頭趴在地上不敢出聲，年紀最小的康熙三年狀元嚴我斯甚至尿了出來，其餘人也全都渾身大汗。

康熙指著書桌上厚厚的一疊書說道：「這幾本農書，有《蠶經》、《雜五行書》、《齊民要術》、《士農必用》，可聽過？」

順治十六年狀元徐元文回道：「臣聽過。」

康熙：「可讀過？」

徐元文：「讀過《齊民要術》，《士農必用》略為閱覽，《蠶經》和《雜五行書》未曾讀過。」

康熙：「可有所得？」

徐元文磕頭不語。

康熙：「可有所感？」

徐元文：「博雜巧思，精深幽微。」

康熙笑了：「難得你用了精深幽微這等讚譽。」

徐元文：「臣惶恐。」

康熙：「這些書，農夫可看得懂？」

徐元文：「《蠶經》和《雜五行書》不知，《齊民要術》、《士農必用》為文言文寫成，而且並無句讀，更缺注釋，不是俗文俗字，恐怕……」

康熙一嘆：「誠晦澀難懂也。這農書若是寫給農戶的，農戶看不懂；若是寫給士大夫的，士大夫幾無註解，基本沒人看。那這農書，究竟是給誰寫的？又有何用？」

四人這時稍稍平靜下來，繆彤鼓起勇氣：「臣等明白了，即日起攻讀農書，加以註解，以期早日通行天下，為我大清創無上盛世，立萬世之基。」

康熙搖搖頭：「盡信書不如無書。我大清地廣千里，南北寒暑有差，溫度有別，這農書裡的記載卻不準確，並不周詳全備。」

四人再次沉默。

康熙嘆氣：「罷了，爾等終究不曾躬耕，再講也是無益。跪安吧！」

內祕書院的值房內，被眾人圍在中間的史大成面帶苦澀，看著周圍的翰林說道：「聖天子親政，正是我等奮發之時，可老朽無能，未曾得聖上青眼。然此等機會，百年難得。此次聖上專召我等漢臣，各位大才，不可輕忽。」

圍著的各位翰林齊齊拱手躬身：「謝前輩指點。」

大家說的是真心話，身在官場，誰會這樣盡心盡力地指點身邊的人呢？畢竟史大成等人此次面聖是失敗了的，假如大家都失敗，那沒什麼，可是一旦有人成功，剩下的人則將永遠失去向上的機會。這失敗的經驗別人肯定藏得好好的，畢竟那也許就是登天的梯子。最不濟，也要用這個經驗換取實際的利益才是最佳選擇。可是面前這位老學士卻就這麼坦蕩蕩地說了出來，風光霽月，如何讓他們不佩服！

史大成站起身來：「我這就去把農書找出來，加以句讀，以便各位速讀。」說著向外走去。

周圍人再次躬身：「謝前輩！」

有人甚至哽咽。

史大成步履匆匆：「機不可失，時不再來，諸位皆為我漢臣菁英，切切，切切！」語畢人影已杳。

屋內眾人久久不曾起身，只有聲息漸重。

養心殿，經過數次侍講，大部分漢人翰林已有心理準備，不再像初次面聖時的狀元們那麼緊張，而且史大成開了個好頭，這些讀書人罕見地沒有彼此設絆、挖陷阱，一旦有誰對皇帝的詢問有所得，眾人便盡力襯托。這樣一來，年輕的康熙帝對漢人翰林們的印象大好，覺得相比起那些滿人同族，這些漢臣們恭謹過之，學問過之，甚至連人品也過之。過往讀書時看到的那些美好品格似乎都是真的，內心深處曾經認為漢人朝廷糜爛，所以漢人學問不足取的想法漸漸地消解了。

可是疑惑也隨之而來，這麼好的學問，他們的江山怎麼就被太祖太宗世宗一鼓而下了呢？

今天講《論語》，他要問問。

「子曰：為政以德，譬如北辰，居其所而眾星共之。」

康熙正襟危坐，看著眾人，等待講解。

熊賜履開口：「解曰：治國為政，最重要的便是德行。陛下修德，就會像北極星那樣，安然處之，別的星辰都環繞。」

康熙點點頭，「何為政？」

熊賜履：「政，正也；為政者，為正也。政，文也；為政者，尚文也。為政之道，為正人，用正人，行正道，做正事。

政務紛繁，用對正人而已矣。政之首務，當為用人，良善之人身居高位，則小人收斂自己的行跡；居高要而執簡，舉重若輕。為政之法：文載道，筆為器，文化民，筆生花。眾口囂囂，向正導引而已矣，政之首倡，當正風氣，風氣清朗海晏河清，則惡劣的行徑無所遁形；筆為器意縱橫，教化萬民。」

到此熊賜履鄭重地說道：「以正以文，政可治，國可期，萬民之所向。」

康熙點點頭說道：「政：正人者不正，糾正他人不正確的行為，就是政，糾正之後，才能向治，卿以為如何？」

康熙解「政」字，和熊賜履解「政」字，解出來的都是「正」字。

康熙解出來的是一個動詞，糾正的正，行使權力去糾正。

熊賜履解出來的則是名詞，正義的正，正確的正。

熊賜履說道：「陛下所說也為正解。」

康熙點點頭，又問道：「那何為德？」

熊賜履說道：「仁義禮智信。」

旁邊張英俯首插了一句說道：「溫良恭儉讓。」

熊賜履點點頭繼續說道：「修身、齊家、治國、平天下，而其前提是格物、致知、誠意、正心。一個人的修行，在心為德，外化為禮。」

張英繼續說道：「博學、慎思、篤行、達仁心，而其前提是良善、謙恭、節儉、忍讓。億兆萬民修行，道之以德，齊之以禮。」

兩人說完，看了彼此一眼，面帶微笑。

康熙道：「德：躬行心得之理，就是需要親身去經歷所見所聞、所思所想得到的道理，方為德。綱常倫理，先自家體備於身，然後敷教以化導天下;紀綱法度，先自家持守於己，然後立法以整齊天下秩序。謂曰：德為心中法，法為成文德。以德修身，以法治國，以正人者不正，為政以德。二位大學士，認為如何？」

熊賜履和張英俯首說道：「陛下說得也是正解。」

康熙：「如此，朕有一問。」

在場眾位翰林都彎下了腰。

康熙：「為政以德，君子，治人者也，若君子無德，當如何？或者說，若是君子不修德行，不律己，不崇德，不修身，當如何？更確切地說，君子，把這天下當成一己之私，是非功過，只是以己獨論，他們學識豐富、見識廣博，世俗而老道，善於偽裝，知道如何利用規則來謀求私利，只利己而不利眾，不弘且毅，安官貪祿，營於私家，不務公事，當如何？」

瞬息之間，熊賜履頓時滿身是汗。

在場眾人都是飽讀詩書的，怎麼可能不明白皇帝在問什麼。

儒家的「君子」是一個抽象概念，它應用在儒家這個體系中的各個地方，關於道德的、關於行為的、關於理念的等等，但具體應用在個人身上時，它又有著來自道德制高點的壓迫力，於是很多人就認為這種壓迫力是強制的，是真實存在的，但這其實是個錯覺。這種出於理念而又針對個體的壓迫力，實際上是來自「體系」，或者換句話說，來自認同這一理念的系統，所以，「君子」這個概念有一個很重要的核心——它是自律的，而不是他律的。

換言之，你違反了君子應該遵守的規則，破壞了君子應該追求的目標，所以呢？所以你不是個君子了，而已。

但我們說過，君子是一個廣泛的概念，有些時候是虛指，有些時候是實指，有些時候，甚至，是特指。比方說，皇帝。

熊賜履和張英的身形略微有些不穩，這是能夠談論的話題嗎？

康熙卻不放過，盯著熊賜履：「嗯？」

熊賜履一字一頓地說道：「君子昏亂，所為不道，當敢犯君子之顏面，言君子之過失，不辭其誅，身死國安！不悔所行，如此者直臣也，臣當以直臣！臣不德則劾，君有……」

熊賜履卡住了，康熙又看向張英。

張英也囁嚅著：「君有……」

在場眾多翰林通通沉默。

康熙一直在強調君子是治人者也，把君子解讀為治理國家的人，可是君這個字對應臣的時候，那意思就只是皇帝。千年以來，君君臣臣，子不言父過，臣不言君失。比如商紂王失天下是因為妲己；跪在岳飛廟前的只有臣子，沒有趙構，是秦檜矇蔽主上；明英宗朱祁鎮兵敗土木堡是王振的錯；而朱祁鎮以「意欲為」殺于謙，把責任推到了徐有貞頭上。

這些君主的過錯，大多數都歸罪於後宮妃嬪、宦官佞臣。皇帝總是清清白白，皇帝總是乾乾淨淨。

「君有失則諍諫。」康熙為兩位翰林加以補述。

大殿一片安靜。

康熙接著問道：「諫，規勸，臣子勸諫，若是皇帝不聽，又當如何？」

無人回答。

康熙搖搖頭，眼中掠過一絲失望：「前明嘉靖四十四年，海瑞扛著棺材上〈治安疏〉，怒斥君王過錯，不忠不孝，嘉靖說海瑞想學比干，朕還不想當商紂王呢，故此留其性命。穆宗登基，大赦天下，海瑞出天牢，仍為御史。可是穆宗登基後，六年未召見輔臣，臨朝而無所事事。若是皇帝不聽規勸，又該當如何？」

眾翰林仍然無言。

康熙的失望溢於言表：「回去寫文章，不許商量，各自呈上，跪安吧！」

為政以德，邏輯上沒問題，但是這皇帝不修德行，在儒家的君君臣臣框架之下，又該怎麼辦呢？六年未召見輔臣，臨朝而無所事事，可不只是康熙隨口說的，那是高拱和群臣們的諫言。

隆慶皇帝當了六年的皇帝，不召見輔臣，上了朝也是草草了事，沒事就免朝，朝臣們勸了，沒什麼用。但是嘉靖和隆慶皇帝都還肯蓋印，大明的政務調整機制還能執行，到了後來，萬曆皇帝爭國本，鬥不過大臣，乾脆直接擺爛，連一到印都不肯落了。朝臣們也不鬥了，鬥什麼？連個人都沒了，跟誰鬥？跟空氣鬥智鬥勇嗎？

萬曆皇帝三十年不臨朝，不參加朝會，不參加每日廷議，甚至不蓋印，難道沒人勸嗎？勸的人多了。面對朝臣們的〈酒色財氣疏〉，他鬥不過，於是便奉行三不原則，不聽，不看，不說，朝廷幾近於停擺。

朝臣們面對萬曆皇帝的擺爛三不大法也沒有辦法，還是只能勸。但勸了不聽，又能有什麼辦法呢？

三天後，康熙看著熊賜履等人的文章，聽著顧問行的總結。

顧問行：「綜合來說，這些翰林的意思大致上是一樣的，當死諫耳！」

康熙搖頭說道：「若是要撞柱，糾儀官會攔下，而後以失儀罪之入北鎮撫司衙門。海瑞抬著棺材上諫，不也是入了北鎮撫司衙門，等到大赦天下才走出了牢房？」

「死諫死諫，不聽、不看、不說，又有何用？」

值房中，再次聚集的眾位翰林面面相覷，他們設身處地想了一遍，自己也回答不出除了「死諫」之外的其他答案。或者說，他們知道其他答案，但誰又敢對著皇帝說出來呢？

真正的答案是用制度來約束皇帝的行為，但這與「皇權至高無上」的核心原則相衝突，在整體層面上看當然是正確的。無論是董仲舒的天人感應，還是漢唐時設丞相都發揮了這個作用，可是「皇權論」最大的既得利益者就是皇帝本人，誰會想著限制自己呢？所以，誰敢對著皇帝說限制皇帝呢？

但是不這麼說，就只能說「死諫」了。

熊賜履也長嘆一口氣：「這次進講，皇帝甚是失望。吾等慚愧！」眾人拱手，紛紛開口安慰。熊賜履也苦笑著接受，忽然看見站在人群中的陳廷敬似乎若有所思，於是開頭道：「子端兄似有所得？」

聞言大家都轉頭看向陳廷敬。陳廷敬皺著眉頭，先向大家拱拱手，開口說道：「在下也並不肯定，只是有種感覺。」

熊賜履眼前一亮：「集思廣益，群策群力，子端兄快快道來。」

陳廷敬說：「早先陛下召見，先問農書，眾人茫茫然不知所以，而今聖上又請學兄問學，提及《論語．為政》，卻別出機杼，純以施行之道立論，由此可知……」他的語速慢了下來。眾人也不催，知道這是陳廷敬在迅速思索。陳廷敬慢慢說道，「陛下這是在尋找循吏。」

所謂循吏，最早見於《史記》的〈循吏列傳〉，後為《漢書》、《後漢書》直至《清史稿》所承襲，成為正史中記述那些重農宣教、清正廉潔、所居民富、所去見思的州縣級地方官的固定體例。除正史中有「循吏」、「良吏」的概念外，到元雜劇中又有了「清官」乃至民間的「青天大老爺」等稱謂。

但在「上位者」眼中，循吏還有另外一個意思。一般認為循吏的政績主要表現在三個方面：改善人民的經濟生活，教育，理訟。看這定義就可明白，循吏在上位者眼中，是能「做事」的官。

陳廷敬話一出口，大家都是眼前一亮，但很迅速地，卻又各有表現。一部分翰林在點頭，他們認知中的循吏，懂得變通之道，在面對困難時，能夠在不違背原則的情況下脫離框架。而另一部分翰林則皺眉搖頭，他們是非常典型的清流思維，講究的就是崇禮而重德，崇拜的是「義不食周黍」，原則問題不能談判，對於變通之道極為不齒。

這是很常見的情況，儒家的「經權之論」就是關於原則性與靈活性之間的關係思辨。還是那句話，儒家學說非常成功，所以容納了很多其他的學說，但它的缺點就是太成功了，以至於太過提綱挈領，無法針對具體情況給出定義和限制。那麼大家無論對問題有什麼樣的看法，都可以在同一套體系中找出符合自己想法的前賢論斷以作助力，都能找到也就意味著都找不到，於是爭論既難以避免，又不可收拾。

好在熊賜履是個出色的讀書人，有經有權，他對著陳廷敬說道：「下次侍講，賢弟當勇往直前。」

陳廷敬並未立刻開口。

熊賜履看看周圍的同仁，聲音放低：「外朝風波不斷，我總覺得，陛下的耐心，不多了。」

此時康熙的耐心確實不多了，或者說，他之所以親政，正是因為耐心即將耗盡。索尼還在時，作為顧命四大臣之首，雖然壓不下鰲拜，但起碼擋得住。但他一死，鰲拜氣焰熏天，蘇克薩哈排名第一，但對鰲拜毫無抵抗之力，而遏必隆則軟弱庸懦，隨風飄蕩，以至於短短一個月，朝政悉聽鰲拜擺布。康熙忍無可忍，這才在七月初宣布親政，但想不到鰲拜寸步不讓，竟然要殺蘇克薩哈。

他怎麼敢？他怎麼敢？康熙回想著鰲拜的行徑，在御前

「攘臂上前，強奏累日」，心中怒火萬丈。朕是皇帝，康熙想著，朕必殺你。

可是康熙需要幫手，不但需要武力上的幫手來擒拿鰲拜，還需要治理上的幫手。目前朝中的大部分大臣，不是來自滿洲的軍功貴族，就是前明留下的顢頇賊儒，此時讀書有成又有大志的康熙看不上這些人，可是太年輕的他缺少培養人才的時間，他只能在目前劃定的範圍內慢慢尋找，他相信他一定會找到的。

這不是陳廷敬第一次見到康熙帝，當年順治皇帝大行，康熙帝靈前即位時陳廷敬就在現場。但這是陳廷敬第一次以個人身分來見康熙，換句話說，雖說這次侍讀，陳廷敬仍然是眾多人中的一位，可是他具備了隨時跳出來被皇帝記住——身為一個個體被皇帝記住的資格。

今天還是講《論語》。

李天馥開口說道:「子貢曰:貧而無諂，富而無驕，何如？子曰：可也。未若貧而樂，富而好禮者也。」

馬大士負責解字：「諂：卑屈。驕：矜肆驕縱。可，是可以，但還沒有到極致。」

李天馥:「子貢問夫子:『貧窮卻不諂媚，富有卻不驕慢，怎麼樣呢？』孔子說:『可以。』但是還比不上貧窮而能樂道，富有而能好禮的人。」

康熙看著李天馥問道：「翰林何解？」

李天馥回答道：「常人貧苦時，卻無卑躬屈膝之意，富貴時，卻沒有矜肆驕縱之心，這已經極為難得了。若是能做到貧困苦寒，還以追求聖賢之道為樂，富有顯貴，仍然在追求禮法，那便遠超常人了。夫子如此回答子貢，是勉勵他追求還沒達到的境界。所以先賢有云：貧賤不諂，富貴不驕；居貧向道，富而好禮。」

「如此。」康熙點頭，「那麼，朕有一問。」

大家躬身。

康熙：「若是一人處於貧困之中，食不果腹，衣不蔽體，行路時，路上的礫石磨破腳掌，此時有人說，跪下磕頭就有飯吃，就有衣服穿，就有鞋子阻攔礫石之痛。請問翰林，此人如何不跪？」

李天馥眉頭緊蹙，眼前閃過了許多的畫面，說道：「不能，所以才要居貧向道。」

康熙問道：「既然要跪，諂媚卑屈，就做不到貧賤不諂，更無法追求聖賢之道。」

李天馥愣了一下，想了想，說道：「是的。」此時汗已溼背。

康熙繼續問道：「若是一人，處於富貴之中，打傷了傭奴，一拳三文錢，十拳五十文，打死人一兩銀子，甚至一兩銀子都不用，打死人都無人懲罰，有人替他善後遮掩，作惡卻不自知，那麼，此人如何不矜肆？」

李天馥沉默了許久，才俯首說道：「不能。所以才要富而好禮。」

康熙搖頭說道：「既然矜肆驕縱，就做不到富而不驕，更別說富而好禮了。」

眾人陷入沉默。

這場君臣奏對，讓養心殿內陷入安靜之中。聖賢書讀到這裡的時候，似乎出現了一些無法解釋的現象，皇帝在問，但在場眾位翰林大才，似乎無法用聖人訓來解釋了。

康熙問的是什麼？

小善人打了傭奴一拳，扔下三文銅錢，傭奴會感恩戴德。自那以後，小善人就知道打人只要三文，打十拳加點錢，殺了人也不用怕，有人幫忙遮掩，在小善人的眼裡，作惡根本就不是作惡，那人還是人嗎？不是。人在小善人的眼裡，就變成了一個物品。人都是物品了，那還提什麼矜肆驕縱，富而好學呢？

此時在場的眾位翰林，紛紛用眼角瞄著陳廷敬，他們感覺，皇帝的失望已經快抑制不住了。即使那些與陳廷敬理念有所衝突的翰林，也盼著此時有人出來，力挽狂瀾。

康熙觀察非常敏銳，他順著大家的目光，也看向站在隊列中的陳廷敬，眼睛瞥過今日侍讀的人員名單，對上了號，開口說道：「陳廷敬，你館試御試輒取第一。必有所得，且道來。」

陳廷敬：「此臣一家之言，荒悖謬亂，不敢有辱聖聽。」

康熙反而來了興趣：「朕恕你無罪，講來。」

陳廷敬上前一步出列，又拱手道：「此論有乖聖教，恐為天下笑。」

康熙興趣更濃：「姑妄言之。」

陳廷敬在做什麼？他在打預防針。今天之前，眾翰林內部討論時已經決定，一定要有能說到皇帝心裡的人出現，不然皇帝將會更加急切，他們身為漢臣唯一的優勢——不與現有既得利益群體有瓜葛，也會消失：皇帝要辦事，有的是現成的人和勢力上趕著過來賣命。

可是如果要講出「驚人語」，就必然會出現與某種固定的觀點作對的情勢，得罪了皇帝固然是一死，得罪了天下讀書人，也一樣是如同死了一樣。因此陳廷敬連說了兩句，康熙也連續答應了他兩次，為他作保。

當然，這是有代價的，如果接下來他說的內容不夠「驚人」，不能打動皇帝，那麼，不但有可能真的因為荒悖謬亂被處死，而且即使死了事情也會被宣傳出去，真的「為天下笑」。

陳廷敬深吸一口氣，緩慢而冷靜地說道：「如果貧窮困苦不改變，終究會諂媚卑屈；如果富有顯貴不加約束，必然會矜肆驕縱。日久之後，世風日下，禮樂崩壞。」

眾翰林都愣住，只有康熙眼前一亮：「說下去。」

陳廷敬說：「所以才會有貧賤不移則必諂，富貴不限則必驕，禮必崩，樂必壞。」

李天馥在思考如何反駁陳廷敬的言論。他是那種很守禮的讀書人，猛然聽到這樣與聖人教誨相悖的狂亂之言，下意識地難以認同，可是在反駁之前，他需要找到兩個問題的答案。他無法得在知食不果腹、衣不遮體、礫石傷腳的境遇下，如何不跪。他也無法得知富貴之人把人看成物品之後，連遵紀守法都做不到，如何去追求道德，因為律法只是道德的底線。他無法得知這兩個問題的答案，便無法反駁陳廷敬的結論。

類似的反駁念頭，在殿中每個翰林心中都來了一遍，畢竟儒學是一個講究尊卑有序的學說，任誰在聽到這個結論的時候都會心慌。

但現在不是爭論這個說法是對是錯的時候，關鍵是這個說法有沒有說服皇帝。翰林們壯著膽子偷偷看向皇帝，康熙卻好似沒聽到什麼奇怪言論的樣子，面色平靜。大家心中都不免失望，這次，子端兄冒著身敗名裂的風險所說之語，也還是無效了嗎？之後繼續進行的對「學而時習之」的講讀波瀾不驚，好似講的和聽講的都提不起勁，只是在完成一項工作，很快就到了結尾。

康熙在例行的要求翰林「跪安」之後，加了一句話：「著陳廷敬下次侍讀繼續來。」陳廷敬聽到後身形微僵，隨即跪倒領旨：「臣遵旨。」

陳廷敬破例成為皇帝侍讀的這件事在翰林院引起了極大的轟動，讓史大成等老輩人物很是激動，三天後，陳廷敬又出現在了養心殿。

還是《論語》。

陳廷敬開口說道：

「子曰：道之以政，齊之以刑，民免而無恥。道之以德，齊之以禮，有恥且格。

道，引導；政，正人者不正，法律政令；齊：齊一；刑：刑罰。

德；行道而有得；禮，制度品節。恥，是愧恥、羞恥。

孔子云：人君之治天下，不過是要人為善，禁人為惡而已。

所以說，用法制去引導百姓，使用刑法來震懾他們，老百姓雖然免受刑法，卻失去了廉恥之心；用道德教化引導百姓，使用禮制去約束百姓，百姓不僅會有廉恥之心，而且也會使人心歸正，天下向治。

《禮記·緇衣篇》云：夫民，教之以德，齊之以禮，則民有格心；教之以政，齊之以刑，則民有遁心。

《孟子·盡心上》云：善政民畏之；善教民愛之。

這些說的都是同樣的道理，用道德去引導，用禮法去約束萬民，使天下百姓聞善能徙、知過能改，修養人格、實踐德行。」

陳廷敬講的是《論語》，引用了孔子的話，又引用了《禮記》、《孟子》，以使自身觀點更為周全。

康熙坐直了身子，問道：「以德服人，以德治國？」

「是的。」陳廷敬點頭，「陛下聖明，這裡的核心主張就是以德治國。」

康熙等了等：「還有什麼？」

這是在叫陳廷敬別裝了，有什麼準備好的東西就拿出來吧！

陳廷敬點點頭：「臣有一例，乃前明故事。」

康熙點頭：「講來。」

陳廷敬：「前明譚綸，與戚繼光並稱譚戚，領兵平邊陲三十年，神宗年間為兵部尚書，提舉京營，衛戍京城，卻在春分去日壇祭祀的時候咳嗽了幾聲後被御史雒遵、景嵩、韓必顯彈劾。不知陛下可知此事？」

康熙點頭：「是因為他卡住了京營點將錄，時任刑部尚書王崇古推薦的將領都難以提拔，而王崇古乃是晉黨黨魁，御史發起晉黨言官彈劾譚綸。」

陳廷敬開口問道：「譚綸做事光明磊落，不阿附族黨，坦坦蕩蕩，上無愧於義，下無愧於心，可謂君子？雒遵、景嵩、韓必顯小題大做，倚禮而行族黨排異之事，不勝不止，用舍予奪，無綱無紀，可謂小人？」

康熙點頭：「自然，君子坦蕩蕩，小人長戚戚。」

陳廷敬立刻開口問道：「陛下，以德何以服人？」

康熙的眼睛亮了。

譚綸被數次彈劾的原因是不阿附晉黨，而彈劾他的人，是晉黨的科道言官，打著禮法的旗幟，行著族黨排異之事，以德又如何服人呢？沒有說服力啊！這最後的處置，還是要回歸到這法律政令之上。

康熙看著眼前的陳廷敬，他其實知道如何以德服人，確切地說，聖賢書說過：興於詩，立於禮，成於樂，仁發於心，行出於義，便可以以德服人，這個邏輯是非常完整的。

可是在剛才的那個例子中，這個道理顯然說不通。政，正人者不正，用道德的力量無法糾正他人行為的時候，就只能用法律政令了。再想到陳廷敬之前說的那般，貧賤不移則必諂，富貴不限則必驕，禮必壞，樂必崩，禮崩樂壞。難道⋯⋯？

康熙：「還有嗎？」

陳廷敬平靜地說道：「還是前明故事。戚繼光約束軍兵嚴苛，不肯擾民一絲一毫，踐踏百姓一根稻穀以斬首論，南兵為當世雄兵。時倭寇橫行東南，狼煙遍千里，民不聊生。蒙古強掠西北，征伐十五年，軍民流離。戚將軍執掌南兵，南征北戰，可是在廷議之上，卻有官員議論非非，以綴疣、多餘無用之物論之。陛下，戚將軍及他執掌南兵，真的是綴疣嗎？」

康熙極為鄭重地回答道：「故國雖大，好戰必亡；天下雖安，忘戰必危。」意思是戚繼光不是綴疣。

陳廷敬開口問道：「那麼陛下，以德何以治國？」按照天下九經，修文以柔遠人之說，只需要修德就足夠平息倭患和北虜南下了。隆慶和議與俺答封貢，看似是修文以柔遠人的大勝利，但如果不是宣府、大同和俺答汗帶領的北虜打了十二年，硬生生把北虜打得筋疲力盡；如果不是此時戚繼光領三鎮總兵官，在薊州雲集十萬強兵，北虜會不會再次南下，劫掠關內？」

一定會。

所以，如何以德治國？

康熙的眼睛徹底亮了起來，盯著陳廷敬：「如何做？」

陳廷敬說道：

「道德是最高追求。以德服人，以德治國，都是一種追求，是所有人心之所向的，但是仍然要制定律法政令來約束。法，興功德震懾罪惡；律，定框架止爭執；令，令人知事。

道德在內，而律法在外，應當以律法限制人的行為，以政令來治理國家。

所以說，德定於上、法化於下，因事而制禮，當事而立法；道之以德，以律制人，齊之以禮，以法治國。」

陳廷敬的觀點是以律制人、以法治國，對應的則是以德服人、以德治國。

他的觀點其實並不罕見。他不否定孔子的理論，而是將孔夫子的仁德高高舉起，再討論實踐的問題。漢宣帝曾經說過，漢家制度，王道霸道糅之，更簡單直白來說，就是儒皮法骨。披著儒家道德的外皮，做著法家約束人的事。

康熙沉默了片刻，終於還是忍不住哈哈大笑了起來，這種理論和實踐並重的思考，他已盼望多時。於是他朗聲道：「傳旨，擢陳廷敬為正六品國子監司業。」

六、長太息以掩涕兮，哀民生之多艱

康熙二十三年九月初九，陳廷敬被晉任為都察院左都御史。都察院是監察機關，專司朝政風紀，凡涉及政事得失、職官邪正，有關國計民生利害者，均由該院上報皇帝及時糾正。重大刑事案件，刑部需會同都察院、大理寺共同審理定案。

十月秋高氣爽，正是京城一年當中最舒服的時候，這一年的陳廷敬很忙，本職和虛職一起忙的那種忙，忙到幾乎無法顧及家中大小事務，忙到家中王夫人跟他提及時他才注意到一件事。

「隔壁張先生家被盜了。」這一日，陳廷敬剛剛為康熙帝做了日講，雖然流程上早已習慣，但事前的內容思考，以及講經過程中皇帝的提問等，還是耗費了他很大的心力：他既要在日講當中把理論講清楚，還要在其中有目的地加入自己要說的東西，且不能出紕漏。這是一項難度非常高的工作，他也不能求助於同僚——之所以要請不同的人來進行日講，本身就是要讓皇帝看到不同的觀點——假如大家說的都是一樣的話語或一樣的理論，豈不是要遮蔽言路，矇蔽聖聽嗎？說得再嚴重一點，這比妄測聖心、揣測聖意更嚴重，這是要塑造皇帝啊，誰敢這麼做？另外，康熙帝是一個足夠聰明、足夠堅毅、學識足夠淵博並且經驗足夠豐富的皇帝，他的問題不只針對理論。或者說正因為康熙帝的經驗足夠豐富，所以如果對實務方面的細節不熟悉的話，是無法讓皇帝滿意的。因此要講解一個概念，在準備例子上要花更大的工夫。

聽到妻子的話，陳廷敬並沒有很大的反應，「嗯」了一聲之後便接過妻子遞來的熱毛巾，敷在臉上，身子一抖，明顯地放鬆下來。

王氏看著他疲累的模樣，眼中掠過一絲心疼，但她還是要把話說完。

「這是這個月周邊人家被偷的第三起了。上個月一起，上上個月還有一起。」

「嗯？」陳廷敬放下了毛巾，「案子沒破？」

陳家作為地方大族，當年陳廷敬入京趕考之時就已經在京城買了一座小宅子，之後陳廷敬金榜題名，卻也沒換住處。直到陳廷敬離京返鄉三年後再次入京，又有了實職，才搬到一處稍大一些的宅子。之後陳廷敬入值南書房，簡在帝心，又步步高升，歷任各部，甚至就在這一年初還從禮部左侍郎調任吏部左侍郎管右侍郎事，已經成為毫無疑問的朝廷重臣，但他卻沒有搬家。北京城東富西貴，南貧北賤，大部分滿洲貴族都住在內城，但陳廷敬不願意和部分滿族大臣住在一起，還是和周邊的那些富戶住在東城。

陳廷敬覺得不對勁的地方也正在於此。京城東邊靠近通惠河，當年北京城從南方運來的大宗貨物通常都是走水路，也就是通過京杭大運河向北京運輸的。這通惠河從外城的東便門匯入護城河，流經的第一個內城城門就是崇文門。崇文門是離城東最近的一個門，便成了大清國掌管稅收的稅門。南來北往的船隻都要經過這裡，當年的漕運碼頭十分繁忙，為了上下貨方便，很多大商賈都搬到東邊來住。在城東的位置，建築物都是一排一排的，很有規律，並且還有些大面積的建築群，這些建築群多為當年的大型倉庫。因此，城東成了所有商人的必經之處。這有錢的商人越來越多，久而久之就成為商人聚集之地，故就有了「東富」的說法。話說財可通神，富人居住區本來就是日常官吏巡查的重點，而且家中有錢，必定也會注意安全，所以重大案件稀少，日常盜竊也不常見，怎麼會連續出現這麼多起入室盜竊案件呢？

王夫人回答道：「沒破。我讓人打聽了一下，除了張先生家，還有并州王家的兩個嫡系，以及河北梁家和湖北錢家。」

陳廷敬思考著點點頭，不再出聲，王夫人也很有默契，沒有繼續這個話題。

第二天，陳廷敬差人取來了巡捕營的報案紀錄，一條條審閱。跟隨著卷宗來的巡捕營南營頭司有些摸不著頭緒，低聲詢問郎官：「這陳侍郎今日突然要我營的報案紀錄做什麼？」

吏部郎官搖搖頭。吏部素來被稱為「六部第一」，吏部尚書又稱「天官」，因為掌握著天下官吏的烏紗帽，這裡的人員自然心高氣傲，根本看不上區區一個巡捕營頭司。直到這個頭司偷偷遞過一個禮包，他用手捏捏，才漫不經心地說了一句：「可能是侍郎大人有心調整你們巡捕營？畢竟，這是吏部。」

頭司一聽大喜，暗覺有理：吏部的日常公務與巡捕營毫無關係，調案卷肯定不是為了案子，那就是要品評官吏了。雖然不知道自己是哪裡入了侍郎大人的法眼，但這必然是一樁好事，他頓時笑顏逐開，再次伸手拉住郎官的衣袖，低聲說道：「大人貴姓？」

顯然郎官和他想到同一件事，臉上帶了一絲笑模樣：「不敢，免貴姓劉。」

頭司：「下官趙準。劉部郎，今日可有空閒，下官略備薄酒，不知能否賞光出席？」

劉郎官也不客氣，拱了拱手道：「那便叨擾了！」

「藍靛廠火器營，住著宋老三一家，兩人沒生出兒子，只有一個女兒，小心翼翼地捧在手中，今年芳齡十六，正是女俏出彩、多家求納之時，想不到卻被當地的一個地痞吳六兒看上，也上門提親。

宋老三是一個篾匠，手藝不錯，但惹不起這個地痞吳六兒，卻也絕不願意就這樣把女兒嫁過去，那無異於送羊入虎口。於是就想了一個歪招，謊稱自己的女兒得了怪病，見不得風，也見不得日光，所以要在家專心養病，要等病好了才能考慮婚姻大事。他覺得，憑是吳六兒如何無賴，對一個病人總不會那麼感興趣了吧！更何況，要是吳六兒還要糾纏，索性就真把女兒在家中多養上兩年，歲數一大，自然就沒有那麼強的吸引力了，到時候頂多替女兒選一個歲數大點的夫君—— 他們這樣的人家，也不會想什麼飛黃騰達的美事，所求的，無非就是一個良人有心、人品有力的女婿罷了。

事情本來也差不多就該如此過去了，但世間事無巧不成書，女兒大蓮在家中待了兩個月，實在憋悶，一日趁著宋老三夫婦二人有事，竟然偷偷溜出家門，上街逛了一圈。說起來也沒做什麼出格的事情，就是流連市井而已。這倒也不難理解，黃花女兒，最是喜歡熱鬧，甚至除了在天橋看戲的時候打賞了兩個錢，就只買了一串糖葫蘆，錢都沒花多少就回了家，然後就又很久沒再出門。」

陳廷敬聽著家中下人的回話，也沒打斷，只是提問：「可是吳六兒看到了？」

下人回話：「老爺明鑑，確實如此。」

「當日那吳六兒也在天橋。不是他閒著無聊，而是他的營生就是偷、盜、騙、搶，身邊聚集著一夥人。外地來的賣藝的要給他保護費。看到落單的外地人就假裝同鄉，帶著人家找同鄉會館，然後要買路錢。還有就是下手偷錢，被事主發現了就改成明搶，事主敢反抗就動手毆打，甚至還鬧出過人命官司。」

陳廷敬眼光一亮：「此事可確實？」

下人說：「苦主還沒有找到，但此事天橋邊好多人知道，細節也都對得上，應該是真的。」

陳廷敬：「嗯，繼續。」

下人接著說：「那吳六兒正在天橋，看到了出來的大蓮本還不敢信，畢竟宋老三言之鑿鑿說女兒病重，甚至把所有上門求親的人都拒絕了，這對她女兒的名聲打擊很大，誰會這麼做啊？所以他派了個人跟著大蓮，想著不能把大蓮娶到手，把這個和大蓮長相相似的女孩娶回家也不錯。便讓手下跟著女孩，記清楚住的地方，回來告訴他。他準備認識新的丈母娘了。

但誰知跟著的手下回來說了地名之後，吳六兒就氣壞了，他確定這個女孩就是大蓮。他就知道宋老三是不想和他結親，所以寧願自損八百，也要斷了他的念想。他氣急了，當時就喊：『宋老三，你不是寧願壞了女兒名聲也要絕了我這門親事嗎？好，我就讓你名聲好好地壞一壞。』然後沒多久，藍靛廠附近就流傳了一首調子。」

陳廷敬：「調子？」

下人拿出一張紙遞給陳廷敬：「就是這首。」

桃葉兒尖上尖

柳葉兒就遮滿了天

在其位這個明阿公

細聽我來言哪

此事哎出在了

京西藍靛廠啊

藍靛廠火器營兒

有一個宋老三

提起那宋老三

兩口子落平川

一輩子無有兒

所生個女兒嬋娟哪

小妞哎年長一十六啊

取了個乳名兒

姑娘叫大蓮

姑娘叫大蓮

俊俏好容顏

此鮮花無人採

琵琶斷絃無人彈哪

奴好比貂蟬思呂布

又好比閻婆惜坐樓想張三

太陽落下山

秋蟲兒鬧聲喧

日思夜想的六哥哥

來到了我的門前哪

約下了今晚這三更來相會

大蓮我羞答答低頭無話言

五更天大明

爹娘他知道細情

無廉恥的這個丫頭哎

敗壞了我的門庭啊

今日裡一定要將你打呀

皮鞭子沾涼水

我定打不容情

大蓮無話說

被逼就跳了河

驚動了六哥哥

來探清水河呀

親人哪你死都是為了我

大蓮妹妹慢點兒走

等我六哥哥

秋雨下連綿

霜降那清水河

好一對多情的人

雙雙就跳了河呀

痴情的女子這多情的漢

編成了小曲兒來探清水河

編成了小曲兒來探清水河

陳廷敬冷聲說道：「言語如刀，人言可畏啊！」

下人應聲說道：「誰說不是呢，這歌傳出來沒多久，那大蓮就真的跳了河了。宋老三不服，告上衙門，結果順天府尹不受，巡捕營不受，說是童謠無忌，查無實據。之後吳六兒還上門送過一次奠儀，說是沒有夫妻之緣，但畢竟相識一場，希望大蓮路上好走。宋老三當場就和他們發生了衝突，然後就被打成了重傷，臥床不起。當夜宋老三的夫人就上了吊，等周邊鄰居發現不對時，宋老三也自尋短見了。」

陳廷敬說道：「這是滅門，難道巡捕營和順天府也沒做些什麼？」

下人說道：「小人去詢問的時候，大家都說宋老三頭七那天，鄰居們湊錢給送了葬，回來的時候看見吳六兒正請巡捕營的好幾個頭司在飯莊喝酒。」

康熙二十三年以來，京畿重地「盜竊公行，居民不得安靜」。但究竟由哪一部門主管此事，朝內意見不一。

陳廷敬就任左都御史後上奏皇帝：「蓋番役在捕營，未必盡得其用，若令五城司坊兼轄，則臣等嚴飭，使察拿盜賊不法等事，可使人各盡其力。」（《康熙起居注》）

趙準再次來到吏部遞交文件，接待他的還是上次的那位劉郎官。

趙準不無苦澀地說：「劉兄，侍郎下的好大一盤棋。」

劉郎官搖搖頭：「不能叫侍郎，該叫陳都御史。」

趙準長嘆一口氣：「當日還以為是侍郎要在我們這裡提拔出幾個官吏來，卻沒想到是要把自己調來此任。」

劉郎官臉色一肅：「雷霆雨露俱是君恩，怎敢妄議上官！」

趙準一驚，連連應聲：「是，是，是。陳憲臺高瞻遠矚，雷厲風行，他一來，整個京畿肯定很快就風清氣正，海晏河清了。」

劉郎官：「你也別在這裡陰陽怪氣了，還是想想怎麼擦屁股吧。」

趙準一愣：「劉兄此話何意？」

劉郎官一笑：「馬上你就知道了。」

三天後，康熙帝同意了陳廷敬的意見，決定今後北京城內的緝拿盜賊事宜，由巡捕營的番役和五城御史共同負責。

收到消息的巡捕營兩位參將大罵出聲。這很好理解，管理權就是權力，管理權被分走一半，也就意味著手裡的權力被分走了一半。雖然五城御史加起來只有十人，但權力被分走，就意味著很多事情不能辦了，自然地，很多利益也就消失了。據說當天上面的巡捕營提督甚至放話出來，誰得罪了陳總憲，讓他老人家把目光放到了巡捕營來，誰就趁早自我了斷，省得最後被找出來，我讓他生不如死。這話一出，趙準心裡發寒，或者更多的巡捕營上下官員，也皆心中發涼。

一個月後，陳廷敬帶著打探消息的那個下人來到了藍靛廠火器營，站在宋老三家門外，看著風吹破門，聽著破門相撞的聲音，一動不動。下人有些不安，上前低聲說道：「老爺，就是這裡了。但宋老三一家人都沒了，家中器物，鄰居操辦了喪事後也都搬走了，這裡也沒什麼可以看的了。我們，回去吧？」

陳廷敬嘆了口氣說：「小四，你說，這件事我們有沒有責任？」

小四愣了一下說：「我們？要不是我們在背後處理，把吳六兒和與他相好的幾個巡捕營的頭司都拿下了，宋老三一家可就白死了。老爺，我們不但沒責任，還有功呢！要是宋老三地下有知，一定對我們磕幾個響頭，謝謝我們替他們報了仇。」

陳廷敬搖搖頭說：「升斗小民，辛辛苦苦一年不過賺幾個辛苦錢，還要拿出來稅繳賦給朝廷。所求的無非是遇到壞人能有人出來替他們主持公道，但結果是那個本該主持公道的人和壞人聯合起來收拾你、陷害你，你心中可還會有感激？」

小四聽不懂，張大了嘴：「啊？」

陳廷敬說：「爾俸爾祿，民脂民膏，下民易虐，上天難欺，五代孟昶亡國之君尚且能明白的道理，這些人怎麼就不明白呢？」

小四還是張大著嘴：「啊？」

陳廷敬從袖中抽出一捲紙，遞給小四說：「就在門前燒了吧！」

小四接過：「老爺，這是？」

陳廷敬說：「這是吳六兒的判詞。」

宋老三一案，事實上證據已經沒有了，但老話說「多行不義必自斃」，吳六兒身上揹著的案子實在是太多了，一旦沒有了庇護，罪行是怎麼都遮掩不住的，因此很快就被定了「斬監候」。陳廷敬順藤摸瓜，把好幾個號稱能「罩著」吳六兒的順天府捕快和巡捕營頭司也一併查辦。說起來好笑，這些人平常在街面上一副橫行無忌的樣子，實際上不過是沉淪下僚，好幾個甚至是連個官身都沒有的幫役。

但這也引發了陳廷敬的思考，其實大官們要貪或者說要與民爭利的話，眼光也不會放到升斗小民身上，正好是這些胥吏蠹役，直接面對著老百姓，卻又披著一層官皮，他們一旦行起惡來，手段之卑劣、心思之陰毒往往超出想像，而老百姓甚至繞不過、躲不開。所謂底層互害，最是傷人。

此事之後，陳廷敬對北京城內的「地方民生利弊莫不留心訪察」，訪察後發現存在的問題很多，便親自撰寫了〈嚴飭禁剔病民十大弊，以靖地方，以安民生事〉，作為都察院的堂示，於康熙二十四年八月予以頒布。

所列舉的「十大弊」，既包括了盜竊、抄搶等刑事犯罪，也包括了賭博等社會不良習俗和民事糾紛；既涉及民間犯罪，也涉及官吏的不良官風。尤其是對地方官吏的種種不法行為，堂示中揭示甚詳。所舉十大弊中，有關衙門胥吏的就有兩弊。其中「禁誣板」一弊指出：「每見地方失事，番快四出屣緝。或得一盜，不問真假，先以非刑拷打，授意供板，擇人而食，謂之教點。不報真名實姓，止供外號排行。糾黨行拿，排闥入戶，掠其財資，辱其妻女，誣盜誣窩，蔓引株連。真盜尚無的據，平良早受奇殃。肆毒若斯，真堪髮指！」

在「禁蠹役」一弊中，陳廷敬進一步指出：「每聞積習狡詐，必借衙門為護身符。是以剔奸除惡之途，反淪為叢奸藪惡之地。近見城營司坊等衙門，番役總甲皂頭人等，積年巨蠹，盤踞衙門，萑捕賊盜依此輩為泰山，蓬蓽小民畏此輩如猛虎。逢時遇節，宴請饋遺，則違條大事曲為庇護；微嫌小隙，不諳彌縫，則清白良民誣為逃盜。凡窩盜盜線，城市多事，莫不由此輩而生。」

從以上的事件中我們可以看出，陳廷敬做事情不僅出發點比普通官僚要高一截，而且很有一套方法。把衙門人員誣良民為盜、嚴刑逼供、任意株連、趁機強掠、通盜、窩盜的種種不法行為，揭示得非常徹底，從而找到了北京城內盜賊橫行的根本原因。

揭示了這些弊端，陳廷敬才終於舒了一口氣。

七、君子藏器於身

從康熙八年首次擢升，任國子監司業、內弘文院侍讀開始，獨特的素養成為陳廷敬仕途上良好的推進器。與康熙「千古一帝」的宏偉事業相輔相成，陳廷敬政治生涯的前半段時期完美地契合了「大勢」。

鰲拜亂政時期激烈的滿漢「理念」之爭，讓秉持著「儒家」理念的「漢化」代表們紛紛走上舞臺，陳廷敬便是其中之一。三藩亂起，陳廷敬於康熙十二年充任武會試副考官、武殿試讀卷官，負責為國家選拔軍事方面的人才。

康熙十四年，在擔任翰林院侍讀學士、日講起居注官的同時，他又擔任了詹事府詹士。主要職責是掌管皇后、太子的家事。

到康熙十七年，吳三桂在衡州（今湖南衡陽）登基稱帝，曾經退出矛盾主流的「滿漢」之爭忽然間又呈現出了死灰復燃的情況，漢人的身分變得敏感。但不幸又幸運的是，康熙十八年陳廷敬的母親逝世，陳廷敬回鄉葬母，丁憂守制。當他守制期滿，在康熙二十年重新回到官場的時候，恰好這一年冬清軍攻破昆明，吳世璠自殺，三藩平定。衝突消失了，一切又歸於平靜。

陳廷敬不斷地升官、升級、加銜，除擔任經筵講官、都察院左都御史、工部尚書之外，還擔任了《三朝聖訓》、《政治典訓》、《平定三逆方略》、《皇輿表》、《一統志》、《明史》的總裁官。

這其中，典籍的總裁官是有象徵意味的。之前曾擔任這些重要典籍總裁官的是明珠、徐乾學、高士奇這樣赫赫有名的大人物，都是康熙的心腹之臣。換句話說，到此時，陳廷敬幾乎已經迎來了自己職業生涯的巔峰時刻。

但是，我們都知道，世界上哪裡有真正的一帆風順呢？欲戴王冠先承其重，成大事的人必定會遇到對手。或是利益之爭，或是職位之爭，又或是品性不合、三觀不同，總之會遇到各種各樣的對手。而要一直往前走，便要和這些對手抗爭，解決這些困難。陳廷敬自然也不例外。

他首先遇到的對手，便是康熙朝前期最龐大的政治勢力的首領：明珠與索額圖。

通常講到康熙朝的權臣，明珠與索額圖必然首先被提到。他們掌握了巨大的權力，也取得了可觀的成就。而且他們以個人為中心成立了龐大的勢力陣營，兩大勢力在各個領域爭奪利益，力道強，層次高，持續時間長，以至於如果不是面對康熙這樣的政治鬥爭高手，他們幾乎有能力重現唐末「牛李黨爭」、架空君權的局面。

在這樣的政治傾軋之下，朝中各個級別的官員幾乎難以避免「選邊站」的情況 —— 作為權力運作的一環，保持中立不會得到雙方助力和拉攏，只會迎來雙方共同的打壓。這一點，歷史上血腥殘酷的權力鬥爭早已經展示給我們看過了。

陳廷敬的作風可用「清、慎、勤、廉」四個字概括，其中「慎」不僅是「謹慎」的意思，它的根源是儒家理念中很重要的「慎獨」。「莫見乎隱，莫顯乎微，故君子慎其獨也。」這段話是說君子即使在一個人獨處的時候也要保持謹慎，就像是在被很多人看著一樣。這個解釋不能說不正確，但與儒家學說的本意還是稍有距離。《說文》中解釋「獨」曰：「犬相得而鬥也。從犬蜀聲。羊為群，犬為獨也。」

為什麼把兩條犬放在一起，牠們會相鬥呢？因為犬類有地盤意識，這塊地方是我的，不是你的，這是先賢們在創造「獨」字時想表達的意思。用現代的話來說，就是「自我意識」、「自主意識」。這其實是一個客觀存在的自然事實，是人成長到一定年紀之後自然會出現的東西。

再來看看「慎」是什麼意思。《說文》中提到：「謹也。從心，真聲。」這個意思就很明顯了，是「無違吾意」的意思，那是什麼「意」呢？答案就是「仁」。

所以「慎獨」的核心概念就是「擇善固執」。

這一番話想說的是：陳廷敬身為經學大家，他的世界觀就是如此，對原則有所堅持，對意義非常堅定。這個世界在他眼中是有值得為之付出的大的「價值」存在的。在這樣的原則指引之下，他對某些行為的厭惡程度可想而知。

踰越了「禮」，也就是「規則」的行為，他一定會奮起反抗。而政治派系，在運作良好的政治體制下，必然伴隨著對規則的破壞。假如加入了派系，還是需要完全遵守規則，並且只能獲得應得的利益的話，那直接遵守規則就好了，幹麼還要加入這個派系，在身上多加一層束縛呢？

陳廷敬與明珠派系和索額圖派系之間的衝突，可以說是雙方之間的互相攻擊波及到了他，但其實從旁觀者的角度來看，衝突事實上是不可避免的。

衝突的種子，其實在康熙十四年就埋下了。

那一年，陳廷敬成為兩歲的太子胤礽理論上的屬下，詹事府詹士。

從陳廷敬的角度來看，這是皇帝對自己的一種信任和重託。人們對教育孩子一直都非常重視，所以提供給孩子的總是自己擁有的最好的資源。這個最好，指的不僅是技術上的，也是道德上的。而皇帝的選擇範圍是全國，所以從某種意義來說，陳廷敬是皇帝認為的全國最有道德、最有學識的人，最起碼是最有道德、最有學識的人之一。

但同樣的，走到太子身邊，也是某種意義上的選邊站。這點毋庸置疑。「潛邸」時的舊人，本來就是官員「資歷」當中最深的。能夠帶來這麼大的利益，必然就要面對眾多的覬覦。

陳廷敬人品學識在此時已經有口皆碑，後來李光地曾說：「澤州之慎守無過，後輩亦難到。」《郎潛紀聞》中說他「處脂不染，清操肅然」。能有這麼高的評價，是因為他本身能力夠強，「守官奉職，退輒閉門，不願妄從流俗交遊，朝士多不識其面」。下了班就回家，不在外面應酬，很多同事甚至不認識他。

但即使個人修養如此無懈可擊，來自針對「職位」本身的攻擊還是出現了。

太子有黨。在明珠、索額圖兩大派系當中，索額圖是太子黨。

清崇德元年，索額圖生於盛京（今遼寧瀋陽），為滿洲正黃旗人，赫舍芮氏。

愛新覺羅·胤礽（西元一六七四至一七二五年），清朝宗室，是清朝唯一正式冊立的皇太子。乳名保成，清聖祖玄燁第二子，母為仁孝皇后（孝誠仁皇后）赫舍芮氏。除康熙早殤諸皇子外，排行為皇次子。因其胞兄、嫡長子承祜幼殤，所以胤礽剛滿週歲時便被立為皇太子。

索額圖為皇太子生母孝誠仁皇后的叔父。他們之間是「血」的關係。因此索額圖是天生的太子黨。

而明珠是皇長子胤禔的外叔公，他是大皇子胤禔派。

對這個問題，有爭議，其中重要的一點是，明珠勢敗罷相時，胤禔還僅是一個十五六歲的孩子，十年後才受封為多羅直郡王，而此時的明珠早已成為一位名副其實的失寵「閒臣」。意思是說明珠在當權時不可能支持十年後的「競爭者」，而有明確支持目標時，他又失去了支持的能力。

這個說法，其實有些理所當然了。生在皇家，天然便要爭。那把椅子，代表的東西太多，沒誰敢冒著失去它的風險而把希望寄託在競爭者的良心上。競爭失敗當然下場很慘，但就算不競爭，難道會有什麼好下場嗎？君不見煌煌史書，又有幾個皇帝的兄弟得以善終！對皇帝來說，孤家寡人是必然的選擇，流淌著相同血脈的「兄弟」正是帝位最大的威脅來源，臥榻之旁豈容他人鼾睡！

既然競爭是自然的選擇，那麼要等得到「預備役」身分再開始爭奪就是個玩笑了。即使參與者（諸皇子）本身沒有這個意願或者實力，圍繞在他們身邊的人也會積極準備，鼓舞慫恿，對這些人來說，這是「從龍之功」，他們的支持者一旦登上大位，他們就變成了「潛邸舊人」，可以想像到這樣的利益會帶來多麼大的熱情和動力。

更何況，與索額圖和太子之間的關係相似，明珠與大皇子之間，也有「血」的關係。

胤禔的母親烏拉那拉氏，雖然最初只是庶妃，地位一般。但在生下皇子後，深得康熙寵愛，地位扶搖直上，最後被冊封為惠妃，為康熙四妃之首，在後宮妃嬪中的地位僅次於皇后。

惠妃出自納蘭一族，惠妃之父為索爾和，索爾和為末代葉赫貝勒金臺吉之子德爾格爾的次子，而明珠之父是金臺吉之子尼雅哈，即明珠與索爾和是同祖父的堂兄弟。明珠和惠妃是叔姪關係。順便說一句，在電視劇《康熙王朝》中，將惠妃和納蘭明珠描寫為親兄妹，胤禔是明珠的親外甥。這種說法是不對的。

人與人之間一共有三種關係：血緣關係，經濟關係和性關係。血緣關係是人類最基本、傳承最久遠，也是最牢固的一種關係。這就是為什麼在皇朝當中，外戚一直都是一股巨大的力量，即使在民間，娘家強大，媳婦說話就有分量。所以，明珠派系與索額圖派系之間鬥爭的一個核心，就是太子。

那麼，身為太子屬官的陳廷敬，自然就是明珠的敵人了。

這裡有明確的例子，即湯斌。

湯斌（西元一六二七年至一六八七年），字孔伯，號荊峴，晚號潛庵，河南睢州（今河南睢縣）人，清初著名的清官和理學名臣。康熙十八年，授翰林院侍講，入明史館參與《明史》纂修。康熙二十五年，奉旨升禮部尚書，為皇太子之師。康熙二十六年十月卒於京中邸舍，享年六十一歲，乾隆元年追謚「文正」。

湯斌被皇帝委任為「老師」，這個老師應該不是正式的官職，東宮三師中的「太子太師、太子太傅、太子太保」與東宮三少（前者輔官，太子少師、少保、少傅）會在正式的紀錄中留名，但這一時期湯斌的官職中並無此紀錄。當然，清代的三師三少名義上是太子老師，實際上是太子的輔佐官，大多不掌教育之事，後期更是連輔佐任務都沒有，純粹是榮譽銜——比如清代雍正始密儲，不立太子，但也有東宮三師三少，可見已是完全與「太子」無關。

湯斌本人是一個清廉的官員，在江西，因為湯斌日食必有一塊豆腐，因而他有一個看似戲謔、實為敬重的外號——「豆腐湯」。據說，他每日只買一點青菜、豆腐，魚肉葷腥概不入衙署。著名史學家高陽先生所著《清官冊》，首推湯斌為康熙盛世清官冊上的第一名，真正「清朝第一清官」。

但他更為人所知的是其能力和名聲。康熙二十三年，遷任內閣學士，同年擔任江寧巡撫。康熙二十四年，湯斌呈上奏章說：蘇州、松江土地狹小，人口稠密，可是承擔著大省百餘個州縣的賦稅，百姓的財力一天比一天困乏。懇請皇上將蘇州、松江的錢糧照徵收標準減少一二成。淮安、揚州、徐州三府再次遭受水災，湯斌按條目列出減免賦稅的事項，請求朝廷撥發五萬兩銀子，從湖廣購米賑濟災民。還不等詔令回覆，湯斌就前往各州縣視察救災的情況。朝廷獲悉湯斌的稟奏後，康熙帝命令侍郎素赫協助他辦理救災事務。常州知府因為對屬員失察被降職調任別處，湯斌知道他很廉潔，就奏請讓他留任。康熙帝特別下旨，允許照辦。湯斌命令各州縣建立社學，講解《孝經》、小學，禁止婦女四處遊蕩，官府小吏、市井倡優不准穿皮衣和絲織品，焚毀不健康的書籍。蘇州城上方山有座五通神祠，已有數百年。遠近的人都爭相前往。年輕女子生病，裝神弄鬼的人就說五通神要娶她做妻子，生病的女子常常病死。湯斌沒收五通神的塑像，木雕的就燒掉，泥塑的就沉到水裡，並下令各州縣凡有類似的祠堂全部毀掉，卸下原來的材料修建學校。

這樣的官員，可想而知他的民望會有多高。康熙二十五年湯斌將前往京城，蘇州百姓哭泣挽留未成，停市三天，攔路燒香為他送行。

明珠不願意太子得到更多的政治資源，攻擊了湯斌，使用的罪名是：湯斌在蘇州釋出文告中有「愛民有心，救民無術」之語，是對朝廷的誹謗，康熙帝傳旨責問。

這之後不久，湯斌染上重病，於康熙二十六年十月十一病逝於工部尚書任上，終年六十一歲。尤為可惜且更可怕的是，康熙一直誤解湯斌，以為湯斌對他存有不滿，竟沒有厚葬湯斌。直到四十五年後，即雍正十年方得昭雪。

《清史稿·明珠傳》對此記載：「索額圖善事皇太子，而明珠反之，朝士有待皇太子者，皆陰斥去。薦湯斌傅皇太子，即以傾斌。」明珠能做到這一切，是因為他本身很有能力。還因為他能夠跟上皇帝的步調。

《清史稿·明珠傳》：

明珠，字端範，納喇氏，滿洲正黃旗人，葉赫貝勒金臺石孫。父尼雅哈，當太祖滅葉赫，來降，授佐領。明珠自侍衛授鑾儀衛治儀正，遷內務府郎中。康熙三年，擢總管。五年，授弘文院學士。七年，命閱淮、揚河工，議復興化白駒場舊閘，鑿黃河北岸引河。旋授刑部尚書。改都察院左都御史，充經筵講官。十一年，遷兵部尚書。十二年，上幸南苑，閱八旗甲兵於晾鷹臺。明珠先布條教使練習之，及期，軍容整肅，上嘉其能，因著為令。

康熙初，南疆大定，留重兵鎮之：吳三桂雲南，尚可喜廣東，耿精忠福建。十餘年，漸跋扈，三桂尤驕縱。可喜亦憂之，疏請撤藩，歸老海城。精忠、三桂繼請。上召諸大臣詢方略，戶部尚書米思翰、刑部尚書莫洛等主撤，明珠和之。諸大臣皆默然。上曰：「三桂等蓄謀久，不早除之，將養癰成患。今日撤亦反，不撤亦反，不若先發。」因下詔許之。三桂遂反，精忠及可喜子之信皆叛應之。時爭咎建議者，索額圖請誅之。上曰：「此出自朕意，他人何罪？」明珠由是稱上旨。

十四年，調吏部尚書。十六年，授武英殿大學士，屢充《實錄》、《方略》、《一統志》、《明史》諸書總裁，累加太子太師。迨三叛既平，上諭廷臣以前議撤藩，唯明珠等能稱旨，且曰：「當時有請誅建議者，朕若從之，皆含冤泉壤矣！」

明珠既擅政，簠簋不飭，貨賄山積。佛倫、余國柱其黨也，援引致高位。靳輔督南河，主築堤束水，下游不濬自通。于成龍等議濬下游，與異議。輔興屯田，議者謂不便於民，多不右輔，明珠獨是其議。蔡毓榮、張汧皆明珠所薦引者也，迨得罪按治，恐累舉者，傅輕比，上諭斥，始定。與索額圖互植黨相傾軋。索額圖生而貴盛，性倨肆，有不附己者顯斥之，於朝士獨親李光地。明珠則務謙和，輕財好施，以招來新進，異己者以陰謀陷之，與徐乾學等相結。

康熙初年，納蘭明珠擔任侍衛、治儀正，不久後升遷為內務府郎中，康熙三年被提拔為內務府總管，成為宮廷事務的最高長官。康熙五年任弘文院學士，開始參與國政。康熙七年，納蘭明珠奉命與工部尚書馬爾賽調查淮揚水患，商議修復白駒場的舊閘口，鑿開黃河北岸河道引流。不久後，納蘭明珠被任命為刑部尚書。康熙九年加封都察院左都御史，擔任經筵講官。

康熙十一年改任兵部尚書。康熙十二年，皇帝到南苑晾鷹臺巡視八旗兵，納蘭明珠提前頒布教條訓練士兵，等到檢閱之日軍容莊嚴整齊，康熙因此非常讚賞他的才能。

康熙初年南疆安定後，吳三桂駐守雲南，尚可喜駐守廣東，耿精忠駐守福建。十餘年來三藩飛揚跋扈，吳三桂尤其驕橫。尚可喜因為顧慮吳三桂的勢力，上疏康熙皇帝請求撤藩，自己告老還鄉。耿精忠、吳三桂隨即附和上疏。康熙召集大臣商議，戶部尚書米思翰、刑部尚書莫洛主張撤藩，納蘭明珠也贊同，然而大臣們多數沉默不語。皇帝稱：「吳三桂等人蓄謀已久，如果不儘早除掉將養虎為患。如今撤藩會反，不撤也會反，不如先發制人。」隨即批准吳三桂等人撤藩的奏疏。吳三桂立刻起兵反叛，耿精忠和尚可喜的兒子尚之信也舉兵響應。當時朝中對於三藩造反之事爭議不斷，大學士索額圖請求處死倡議撤藩的人，被康熙拒絕，稱：「這是朕的旨意，他們何罪之有？」待到三藩平定，康熙對大臣們說：「之前商議撤藩，只有明珠做事符合朕的想法。」並稱，「當時有人建議誅殺倡導撤藩的大臣，朕若是聽信了他們，就讓忠臣含冤九泉了！」明珠從此成為皇帝倚重的大臣。

康熙十四年，納蘭明珠調任吏部尚書。康熙十六年被授予武英殿大學士，期間擔任《實錄》、《方略》、《一統志》、

《明史》等重要皇家著述的總纂官，不久後加封太子太師，權傾朝野。納蘭明珠成為朝廷重臣後獨攬朝綱，表面上為人謙和，事實上利用康熙皇帝的信任結黨營私，甚至貪汙納賄。

康熙十六年，靳輔擔任河道總督，只在上游修築堤壩約束河流，任下游自行暢通。于成龍等人建議也要疏通下游，與靳輔產生分歧。康熙皇帝以「便民」、「不害百姓」為由認可于成龍的觀點，而納蘭明珠卻堅持己見，稱：「雖然于成龍為官清廉，但治水之事沒有太多經驗。靳輔擔任河道總督很久了，而且治河有功，應該聽從靳輔的建議。」由於雙方各執己見，致使康熙親立的疏濬下河工程歷時兩年也未完工。

在朝中，納蘭明珠與索額圖因不和而相互傾軋。索額圖生性乖張，朝中有不依附自己的大臣就立即排擠，與李光地關係親密。納蘭明珠則為人謙和、樂善好施，擅於拉攏朝中新人，對政敵則在暗地裡構陷，與徐乾學結成一派。當時索額圖是太子黨的成員，納蘭明珠就把朝中依附太子的人全都構陷排擠出去。

這樣一個「頗能稱心」的大臣，在文學方面的才能也很出色。這一點，除了他曾擔任諸多皇家著述的總纂官能夠證明之外，還有另一個證據：他的兒子，是納蘭性德。著有《通志堂經解》、《側帽集》、《飲水集》、《淥水亭雜識》的納蘭性德，「等閒變卻故人心」的納蘭容若。能養出這樣「最後一個詞人」的人，文學素養可想而知。簡單來說，明珠除了家庭背景稍微遜色，幾乎沒有什麼弱點。但明珠敗了，在最巔峰時敗了。雖然不是陳廷敬親自下的手，但第一個扣下扳機的，卻的確是他。

康熙二十年，四十四歲的陳廷敬於十月下旬返京，官復原職，仍任經筵日講官、起居注官、翰林院掌院學士兼禮部侍郎，恩封通議大夫。

康熙是一個十分勤學的皇帝，康熙十二年《康熙起居注》中說：二月初七，上諭日講官傅達禮等：「人主臨御天下，建極綏猷，未有不以講學明理為先務，朕聽政之暇，即於宮中批閱典籍，殊覺義理無窮，樂此不疲。向來隔日進講，朕心猶然未愜。嗣後爾等須日侍講讀……」

意思是說原本隔一天進行一次的講讀要改成每天都要進行。事實上，在日講的最初幾年，每個月進講都在二十次以上，這個數字已經很驚人了。後來，康熙還下旨把每年春秋季的進講改為全年進講，這麼一來他幾乎沒有了空閒時間。

如此，身為「文學之友」的陳廷敬就有了大量的機會向皇帝傳遞某種觀念。他多次在進講中與康熙談及「君臣關係」：「上有堯舜之君，下有皋陶、稷、契之臣，明良喜起，都俞籲咈於一堂之上，後世如唐之太宗，致治幾於三代之隆，必有魏徵、房、杜之為其臣，故能成貞觀極盛之治。」他的觀點是，一定要先有明君，才會有賢臣出現，如果皇帝昏庸，那麼賢臣也會遠去。

陳廷敬又說道：「人臣盡忠事主，豈得以希榮千寵為心？人君以禮使臣，固必有報德酬功之典。」意思是皇帝要尊重臣子，臣子才會覺得受到重視和激勵，才能煥發幹勁。

陳廷敬在此特別提到了「君子和小人」：「小人巧佞回邪，以同利為黨，乘權籍勢，貪位固寵。需斷然解之去，不使其為國家之患也。」

他反覆地談小人問題，顯然不是泛指一切小人，而是針對當時朝內的特定人士。康熙此時還沒有意會到陳廷敬話中的含義。但當大潮來臨時，堤壩上的裂縫便會擴大為缺口，進而沖垮一切。

康熙二十四年，陳廷敬任經筵講官、都察院左都御史，管理京省錢法，且充任《政治典訓》總纂官。

在這一年中，他上了一道〈撫臣虧餉負國據實糾參疏〉，具名揭發檢舉雲南巡撫王繼文，彈劾他趁平定三藩之亂之際「虧損國課幾至百萬之多」，並且「侵沒餉銀已九十餘萬兩」。這件事引起了軒然大波，因為除了王繼文本身是封疆大吏，位高權重之外，他還是明珠的人。上疏中所提到的被侵沒的「餉銀」大部分也被送到了京中的明珠處。陳廷敬這次開炮，與明珠已經形成了正面衝突。

接下來陳廷敬舉薦靈壽縣令陸隴其、清苑縣令卲嗣堯時，時任大學士的明珠就話外有話地說道：「這兩個人廉而剛，剛易折，而且都是性烈之人，有股怨氣，說不定將來會怨到你頭上。」這已經是很明顯的威脅。

此時明珠因為派系勢力的壯大，氣焰已經膨脹到不可一世的地步，與索額圖二人幾乎掌控了官員的升降和朝廷財政的流向，「掌儀天下之政」，時人稱呼為「明相國」。他開始賣官鬻爵，而且明碼標價，已經完全不把制度放在眼裡。

康熙二十六年冬，直隸巡撫于成龍（小于成龍）向康熙帝密奏：「官已被明珠和余國柱賣完。」身為出色的政治家，對人事權力的掌控是本能，明珠動了這塊蛋糕，引起了康熙的極大憤怒。

在一次經筵日講上，康熙詢問陳廷敬：「你講君子和小人，一定有所用心，不妨說說，你心中的小人是誰？」

陳廷敬回答：「明相國。」

康熙冷冷地說道：「大清從來沒有相國一職。」

陳廷敬看火候已到，拿出了早就準備好的彈劾明珠的奏摺，其中列舉了明珠私自修改奏摺、賣官鬻爵、攬權、貪腐、包庇等多項罪狀。還附上從明珠手中買官的人員名單。得知了這樣的消息，康熙甚至有點不敢相信，為了避免偏聽偏信，他之後又去詢問另一個心腹之臣，同樣身為「文學之友」的高士奇。

康熙帝問高士奇：「為什麼沒有人參劾？」

高士奇回答：「人誰不怕死？」

言外之意，沒有誰能扳倒明珠，反而會遭致明珠報復。

康熙不再出聲。

高士奇與陳廷敬的性格不一樣，他才華過人，喜歡高談闊論，於是將皇帝對明珠不滿的消息走漏了出去。

康熙二十七年，御史郭琇上疏彈劾納蘭明珠結黨營私、排斥異己。

《清史稿·明珠傳》：

二十七年，御史郭琇疏劾：「明珠、國柱背公營私，閣中票擬皆出明珠指麾，輕重任意。國柱承其風旨，即有外錯，同官莫敢駁正。聖明時有詰責，漫無省改。凡奉諭旨或稱善，明珠則曰『由我力薦』；或稱不善，明珠則曰『上意不喜，我從容挽救』；且任意附益，市恩立威，因而要結群心，挾取貨賄。日奏事畢，出中左門，滿、漢部院諸臣拱立以待，密語移時，上意罔不宣露。部院事稍有關係者，必請命而行。明珠廣結黨羽，滿洲則佛倫、格斯特及其族姪富拉塔、錫珠等，凡會議會推，力為把持；漢人則國柱為之囊橐，督撫藩臬員缺，國柱等輾轉徵賄，必滿欲而後止。康熙二十三年學道報滿應升者，率往論價，缺皆預定。靳輔與明珠交結，初議開下河，以為當任輔，欣然欲行。及上欲別任，則以于成龍方沐上眷，舉以應命，而成龍官止按察使，題奏權仍屬輔，此時未有阻撓意也。及輔張大其事，與成龍議不合，乃始一力阻撓。明珠自知罪戾，對人柔顏甘語，百計款曲，而陰行鷙害，意毒謀險。最忌者言官，唯恐發其奸狀，考選科道，輒與訂約，章奏必使先聞。當佛倫為左都御史，見御史李興謙屢疏稱旨，吳震方頗有彈劾，即令借事排陷。明珠智術足以彌縫罪惡，又有國柱奸謀附和，負恩亂政。伏冀立加嚴譴。」

郭琇（西元一六三八至一七一五年），字瑞甫，號華野，墨縣（今山東省青島市即墨區）人。清朝康熙年間著名的清官。他為國為民，廉潔清正，勤勉幹練，善斷疑案，在地方任職期間，「治行為江南最」，廣受好評。他不計私利，彈劾權奸，在「勢焰燻灼、輝赫萬里」的權臣面前毫無懼色，被稱為「鐵面御史」。

《清稗類鈔》記載：

康熙間，山左名臣，自李之芳、董訥而下，實以郭瑞卿為最剛正。瑞卿名琇。當明珠柄政時，行為專恣，朝野多側目。郭剛直性成，嘗於明珠壽日，臚舉其劣跡，列人彈章上之。旋復袖草疏，乘車至明邸，踵門投刺。明以其素倔強，來謁不易，肅冠帶迎之。及入，長揖不拜，坐移時，故頻頻作引袖狀。明喜問曰：「御史公近來興致不淺，豈亦有壽詩見賜乎？」郭曰：「否、否。」探袖出視，乃一彈章。明取讀未必，郭忽拍案起曰：「郭琇無禮，劾及故人，應受罰。」連引巨觥狂吸之，疾趨而出，座客大駭愕。未幾而廷訊明珠之旨下矣。

康熙年間，山東有名的大臣，在李之芳、董訥以後，事實上只有郭瑞卿最剛強正直。郭瑞卿名琇。明珠把持朝政的時候，行為專擅，無所顧忌，群臣都畏懼他。郭瑞卿性格剛強正直，曾經在明珠的壽辰之日，把他的劣跡陳列在彈劾他的奏章中上交給皇上。隨即又把草稿放在了袖子裡。郭瑞卿坐車到了明珠的府邸，走到門口遞上名帖。明珠知道他向來性情倔強，來拜訪很不容易，整理了冠帶去迎接。郭瑞卿進來之後，只是打拱作揖，並不下拜，坐下一陣子之後，故意多次做牽拉衣袖的動作。明珠高興地問：「御史大人近來興致不淺，難道也有祝壽詩來賜教我嗎？」郭琇說：「不是這樣，不是這樣。」從衣袖裡拿出來一看，是彈劾他的奏章草稿。明珠拿過來還未讀完，郭琇忽然拍案而起，說：「郭琇沒有禮貌，彈劾老朋友，應該受罰。」拿起大杯子狂飲幾杯，就趕快出去了。滿座的賓客都十分吃驚。不久朝廷就下達了審判明珠的詔書。

《清史稿．明珠傳》記載：

疏入，上諭吏部曰：「國家建官分職，必矢志精白，大法小廉。今在廷諸臣，自大學士以下，唯知互相結引，徇私傾陷。凡遇會議，一二倡率於前，眾附和於後，一意詭隨。廷議如此，國是何憑？至於緊要員缺，特令會同推舉，原期得人，亦欲令被舉者警心滌慮，恐致累及舉者，而貪黷匪類，往往敗露。此皆植黨納賄所致。朕不忍加罪大臣，且用兵時有曾著勞績者，免其發覺。罷明珠大學士，交領侍衛內大臣酌用。」未幾，授內大臣。後從上徵噶爾丹，督西路軍餉，敘功復原級。

後世分析，明珠的倒臺，經濟問題是導火線，也是遮羞布。在康熙帝看來，明珠諸多罪名當中，最嚴重的其實是「動搖國本」，也就是攻擊太子的行為。當然，因為太子本身確實有行為不檢的問題，所以假如提出這個罪名，進行審判、辯論的過程中不免會把這些太子的錯誤公之於眾，使他的威望受損。因此康熙決定把這部分罪名隱去。但無論如何，明珠自此一蹶不振，儘管沒過多久明珠隨康熙西征噶爾丹，隨後官復原職，但此後二十多年沒有再被重用。

「倒明」行動大獲成功，策略目的最終達成。在這場夾雜著私怨、公心、良知和投機的政治行動中，每個參與者都有所得。索額圖打倒了最大的對手，郭琇一戰揚名，高士奇固寵，徐乾學報仇，小于成龍立功，康熙帝護住了太子的聲名。

《周易·繫辭下》：「君子藏器於身，待時而動。」

八、洗硯池邊樹

如果說與明珠、索額圖派系的對抗，是基於多種因素，無法避免的「戰鬥」的話，那麼，陳廷敬與熊廷弼、張玉書、張英、高士奇和徐乾學之間的關係，就是一場「競爭」。相比之下，沒有那麼直接，沒有那麼暴力，但同樣不可避免，不可忽視。

明顯可以看出，這樣的競爭，有著明顯的基於「身分」的特點。都是漢臣，都是「文學之士」。競爭的實質，歸根究底，其實是大家在爭奪「皇帝」，也就是康熙帝的注意力資源。

前面我們已經說過，滿清入關之後，因為人口資源少，以小族而臨大國，本身就會遇到人才不夠的問題。同樣的，在鰲拜事件上呈現出來的「官僚體系的設立」方面的衝突，實際上在康熙朝前期一直都存在。儘管在定鼎中原之後清廷提出了「清承明制」的說法，也透過一系列的政治鬥爭把這樣的基本理念固定了下來，但是仍然有一些痕跡被烙印下來，甚至一直存續到王朝終結。

漢人不得擁有軍隊的最高領導權（所以陳廷敬能在各部流轉，卻一直不曾當過兵部尚書）。各部分工作的領導者都要有滿漢之分，並且以滿為主（各部均設滿漢尚書，滿尚書分管漢尚書）。儒家思想需要適應皇朝統治，而且是仍然保留部分「族群」特色的皇朝統治（不再有坐而論道，臣子見皇帝要三拜九叩，頻繁掀起的「文字獄」）。

這些制度對於執政者來說是必然的，但仍會因為皇帝自身的資質和素養而有所變化。作為橫亙康熙一朝而存在的

「南書房」體系，他們每個成員客觀上來說都是經歷了戰火之後的中原文明遺留精華的擁有者，他們的思想並非完全一致，但由於他們先天的對「穩定」的嚮往，以及由此衍生出的對「制度」的追求，不可避免地想透過對皇帝的影響把自己的想法變成種種「政策」。而這樣的「政策」，隨著時間流逝，變成了「祖制」，也就是說，某種程度上，這些「文學之士」的思想和決斷，對後世形成了巨大影響。從這點來看，他們彼此之間的「競爭」，因為「目標物」過於宏大，所以不會止歇。這種「競爭」也不會因為個人情懷的高尚與否、彼此之間的情誼深淺而有所改變。

從個人角度出發，這樣的競爭，因為時間持續非常長，用運動來比喻的話很接近「長跑」。在漫長的過程當中，除了出色的「爆發力」，自身的「耐力」也同樣重要。也就是說，不但要「能做事」，還要「不出錯」。

王士禎《池北偶談》載：「康熙二十一年，廣西巡撫郝浴疏請頒賜御筆『清慎勤』三大字，部議俞其請，遂遣官遍賜各直省督撫云。」

之後不久，康熙帝將御書「清慎勤」三字遍賜京師與各地衙門，其意義，就是希望這些官員將此作為工作作風。換言之，「清慎勤」是「康乾盛世」時期的為官之道，明確指出在這位帝皇心中，一個官員應該具備什麼樣的能力和品德才會被看重。

陳廷敬個人的素養，在這場漫長的競賽當中，發揮了決定性的作用。

康熙十年，三十四歲的陳廷敬任翰林院侍講，轉侍讀，升侍講學士。後世研究者普遍認為這是陳廷敬與康熙帝建立個人連結的開端。

我們結合著康熙朝的大事，可以判斷這一點其實應該再向前推兩年，也就是康熙八年。那一年，三十二歲的陳廷敬迎來首次擢升，從內祕書院檢討升任國子監司業，不久後還擔任了「內弘文院侍讀」的職務。為什麼這麼說呢？因為這時康熙擊敗了鰲拜，真正地掌握了權力。在這場政治風波之後，一定會伴隨著「清洗」和「重組」，換句話說，這個時候被康熙拉攏到身邊的，一定是「自己人」。

陳廷敬在此之前的官職是內祕書院檢討，在康熙六年被加了一個《世祖章皇帝實錄》的纂修官職位，說白了就是祕書處的一個祕書，並參與了某項圖書專案。而從康熙八年開始，他變成了康熙的直屬祕書，雖然當時他距離核心階層還有幾個級別，但從這時開始，他的「歸屬」明確屬於「皇帝」。這是一切的開端。

正像我們說過的，康熙十四年立太子，而陳廷敬被選為詹事府詹士這件事，說明在這個時候，陳廷敬的個人品格和學識修養毫無疑問已經得到了康熙的認可，畢竟選擇皇太子的輔佐官員，「才識」是前提條件，而「道德」才是根本。這些來自上級的認可，成為之後陳廷敬一步一步向上走的重要原因。

康熙十五年，授通議大夫。同年九月，升內閣學士兼禮部侍郎。這個禮部侍郎的官職，相當於現在的副部長，即使在中央官職位階鐘也已經是很高的職務了。並且與此同時，他仍然充任經筵講官，意味著陳廷敬的立身之本仍然穩固。

但是，能夠讓我們認為陳廷敬進入了康熙的核心圈子的指標性事件，還是在康熙十七年。在這一年，陳廷敬仍任經筵講官、日講起居注官、翰林院掌院學士兼禮部侍郎，教習庶吉士。但關鍵的是接下來的兩個任命：入值南書房和充纂修《皇輿表》總裁官。

我們要分析一下這一年，這一年在朝廷來說，並不像其他年頭那樣發生什麼驚天動地的大事，入關以來一直沒有停止的軍事行動已經到了尾聲。

正月，吳三桂部隊前鋒韓大任從江西進入福建，占領汀州。不久降清。九月，鄭軍圍泉州，被清軍援兵分割夾擊，攻漳州之軍又敗，損兵萬餘，只得退守廈門。十月，康親王傑書、新任總督姚啟聖從本月至次年五月，先後四次派員招撫鄭經，勸其退至臺灣，以澎湖為雙方通商之地。鄭經寸土不讓，堅持以海澄為雙方「往來公所」。和議再度失敗。

康熙十七年，六十六歲的吳三桂在衡州（今湖南衡陽）稱帝，國號大周，同年秋天病死，形勢陡變，叛軍無首，眾心瓦解。其孫吳世璠繼承帝位。清軍趁機發起進攻，從此叛軍一蹶不振，湖南、廣西、貴州、四川等地逐步為清軍攻陷。名義上還維持著「明朝」的軍事力量已經只剩下鄭氏這一支，而且也已經被完全限制在福建沿海一帶，可說是「癬疥之疾」。

而在皇帝的後宮，發生的最大事件是二月廿六巳時，皇後鈕祜祿氏薨逝於坤寧宮，即孝昭仁皇后。

當然，從我們後世的眼光看來，這一年發生的最大的事情其實是十月三十寅時，庶妃烏雅氏生第十一子胤禛。烏雅氏即德妃、孝恭仁皇后。是的，這一年雍正帝出生。

康熙帝即位第十七年，真正掌握權力的第九年，國家終於有了一絲安定下來的樣子，這對皇帝來說是很巨大的成就。在外部環境職逐漸穩定下來，沒有災禍和威脅的情況下，康熙帝開始調整了自己的行政團隊。早在前一年的康熙十六年，他就開始組建後世赫赫有名的「南書房」。

南書房是一個什麼性質的機構呢？清王朝沿入關前的慣例，將儒臣在內廷的直廬，即辦事處所，稱作「書房」。順治時曾設日講起居官，康熙很讚賞設日講官及宮內建直房的辦法，但這種日講輪值仍滿足不了康熙加強皇權的要求。而且康熙十六年正是平定三藩叛亂戰爭處於最艱難的時期，需要進行大量重大而機要的文案政令議定活動。康熙帝需要有更親近的大臣不時商議，且博學善書，能幫助他處理政事。因此，幾乎在設日講官的同時，康熙也挑選了才品優長的漢族大臣入值內廷。

入值者主要陪伴皇帝賦詩撰文，寫字作畫，有時還秉承皇帝的意旨起草詔令，「撰述諭旨」。由於南書房「非崇班貴檩、上所親信者不得入」，所以它完全是由皇帝嚴格控制的一個核心機要機構，隨時承旨出詔行令。

我們更深入地了解，就會發現，南書房的成立，是康熙帝削弱議政王大臣會議權力，同時將外朝內閣的某些職位移歸內廷，實施高度集權的重要步驟。康熙帝親政以後，朝廷的權力受議政王大臣會議的限制，國家大事需經過議政王大臣會議，而這些滿洲王公貴族的地位較高，有時與皇帝意見發生矛盾，皇帝也不得不收回成命。此外內閣在名義上仍是國家最高政務機構，掌控著外朝的權力，康熙帝為了把國家大權嚴密地控制在自己手中，決定以南書房為核心，逐步建立權力中心。

因此我們就不難理解，為什麼在南書房的成員中，漢族官員占據了絕大多數。也可以想像，被選中的成員，必然是絕對的「皇黨」。「擇詞臣才品兼優者」入值，稱「南書房行走」。這裡面的「品」，含義並不單指道德人品。

現在我們再來看陳廷敬，入值南書房，可以看出康熙帝是多麼信任他了。在南書房成立的第二年，也是南書房正式開始有了確切職務的第一年，皇帝就招進了陳廷敬，陳廷敬的忠誠與才華完全得到了康熙帝的肯定。但必須要看到的是，在這個時期，陳廷敬並非排名第一的「文學之士」。

《康熙起居注》：

十六年十月二十日，康熙諭大學士勒德洪、明珠等人曰：「朕不時觀書寫字，近侍內並無博學善書者，以致講論不能應對。今欲於翰林內選擇博學善書者二員，常侍左右，講究文義。但伊等各供其職，若令仍住城外，則不時宣召，難以即至。今著於城內撥給房屋，停其升轉，在內侍從幾年之後，酌量優用。再如高士奇等善書者，亦著選擇一二人，同伊等在內侍從。爾衙門滿漢大臣會議具奏。」

內閣大學士們隨即遵旨會議後奏曰：「皇上勤學書寫，甚盛事也，皆應欽奉上諭遵行。選擇翰林，尋取善書之人，相應交與翰林院可也。」康熙隨即表示「依議」。

此事經內閣大臣們會同翰林院召開會議討論後，將名單進呈，康熙於十一月十八正式諭令內閣：「著將侍講學士張英在內供奉，張英著食正四品俸。其書寫之事一人已足，應止令高士奇在內供奉，高士奇著加內閣中書銜，食正六品俸。伊等居住房屋，著交與內務府撥給。」又諭大學士勒德洪、明珠：「爾等傳諭張英、高士奇，選伊等在內供奉，當謹慎勤勞，後必優用，勿得干涉外事。伊等皆為讀書之人，此等緣由雖然明知，著仍格遵聯諭行。」

張英、高士奇得賜府邸於西安門內，此已屬禁城範圍之內，清朝建立以來，這是第一次賜府邸於禁城內。

除了張英和高士奇之外，第一批入值南書房的還有沈荃和勵杜納以及熊賜履。這就說明，陳廷敬此時雖然是皇帝信任的臣子，但仍然只是之一，不是最信任的那個，甚至在最信任的人中排不到前三名。要想完成這場「競賽」並取得好成績，陳廷敬需要展現的，要比之前所展露的才華多得多。

高士奇（西元一六四五至一七〇四年），字澹人，號瓶廬，又號江村。浙江紹興府（今浙江慈溪）人，後入籍錢塘（今浙江杭州）。康熙十年入國子監，試後留翰林院辦事，供奉內廷。康熙十四年，授職詹事府錄事，不久升內閣中書，領六品俸薪，住在賞賜給他的西安門內。

高士奇每日為康熙帝講書釋疑，評析書畫，極得信任。康熙十八年後，歷任翰林院侍講、侍讀、侍讀學士、《大清一統志》副總裁官、詹事府少詹事。康熙二十八年隨帝南巡。

大家可以看到，高士奇的升官路徑，與陳廷敬極為相似。我們之所以說他是陳廷敬的「對手」，正是因為他與陳廷敬長時間共事，而風格又不同。

高士奇不僅入值期間不離康熙半步，而且對康熙「下班」之後做了什麼事，見了什麼人，說了什麼話，都要想辦法弄清楚。他對康熙工作之外讀了什麼書尤其感興趣。為了探聽到這些資訊，高士奇每天從家裡出門時，都要帶上一小袋金豆子，一到宮裡，就找康熙身邊的貼身小太監，詳細詢問康熙的生活起居和工作情況。太監每提供一條有價值的資訊，高士奇就送上金豆一顆。

一旦高士奇獲知康熙讀了什麼書，回家之後必定馬上找來翻閱，即使是對書的內容不感興趣，也要趕在康熙之前讀完，其目的就是為了在康熙問到書中內容時，能迅速準確地回答出來。正是因為善於揣摩聖意，高士奇一直都是康熙身邊最得寵的近臣。

付出了代價，就會獲得收益。因為貼身服務康熙，掌握了很多資訊，所以高府中每天前來打探消息的人絡繹不絕，一般的官員高士奇不會接見，只接見那些在朝中掌握著實權的要員。當然，這樣的資訊都價值不菲。

陳廷敬的行事風格則截然相反。「清」是兩人之間的本質區別。

我們一再強調陳廷敬的成長環境，富裕的地方豪紳，而高士奇則不然，《清史稿》中說他「少時家貧」。一個人的成長環境決定了他的「財富觀」。可以說，儘管高士奇個人天資橫溢，聰明機靈，但世界觀方面的缺陷，對「錢」的渴望和過度重視，注定了他在仕途上即使能夠達到巔峰，也不會長久。

陳廷敬的品格決定了他的做法，儘管與高士奇理念有所不同，但不會背後打小報告。但出於臣子的本分，陳廷敬還是隱晦地提醒了皇帝：「帝王以天下為家，一言之微，有前後

左右之竊聽；一行之細，為子孫臣庶之隱憂。是以聖帝明王必慎乎此。」（《午亭文編》）

果然康熙理解了陳廷敬的言外之意，明白肯定有身邊的近臣或侍衛、太監、宮女等洩露了自己的言行。這在為君者看來是大忌。皇帝如雲中之龍，神祕莫測，捉摸不定才是保持權威的祕訣。早在秦朝就有規定，洩漏皇帝行止是罪。後世王朝更是對這方面嚴加防範，「揣測聖心」、「妄揣聖意」，幾乎與「大逆」同等罪過。

這就是之後高士奇倒臺的原因。

高士奇的問題是「貪」，而這一時期的另一位代表人物張英，在這方面就沒有出過問題。

張英（西元一六三八至一七〇八年），字敦復，又字夢敦，號樂圃，又號倦圃翁，安徽桐城人。康熙六年、考中進士，選為庶吉士，官至文華殿大學士、禮部尚書。先後充任纂修《國史》、《一統志》、《淵鑑類函》、《政治典訓》、《平定朔漠方略》總裁官。

他的一個重要身分，是名相張廷玉之父。張廷玉就是在整個清朝存續期間唯一一個「配享太廟」的漢臣，政治地位十分崇高。張英治家之能、教子之才，可想而知。

康熙十二年，聖祖令「選文學之臣醇謹通達者入侍左右，講論經史」，掌院學士傅達禮、熊賜履推舉張英、李光地等四人，聖祖欽定張英。七月，充任日講起居注官。每進講，常令英為之。聖祖每幸南苑，張英必從，久在左右，是以，聖祖深識其人。

康熙十六年十月張英與高士奇入值南書房。在任職期間，張英還充任過皇太子胤礽的師傅。張英的才華沒有問題，並且他的品格也得到了康熙的認可。「聖祖深識其人。」康熙對張英也很好。

康熙二十五年三月，翰林院掌院學士缺人，康熙認為，「張英為人厚重，不干涉外事，補授此缺十分合適。」張英遂任內閣學士兼禮部侍郎職。閏四月，康熙諭示吏部：「張英和內閣學士徐乾學學問淵博，宜留在朝中辦理文章之事，嗣後不要將他們列為巡撫人選。」

因為當時的閣臣會自動成為巡撫的候選人，所以皇帝為了不讓他離開自己身邊，特別向外廷示意，對張英的依賴可見一斑。但意外的事情出現了，就在康熙二十五年的九月，張英與侍讀學士德格勒撰寫起居注失誤，被吏部革職降級。

起居注是中國古代記錄帝王的言行錄。顧炎武在《日知錄》中提到：「古之人君，左史記事，右史記言，所以防過失，而示後王。記注之職，其來尚矣。」從漢代以後，幾乎歷代帝王都有起居注，但流傳下來的很少。一般不外傳，是撰修國史的基本材料。負責修起居注的官員，在皇帝公開的各種活動中均隨侍在旁，因此起居註記錄的內容甚為廣泛，包括除了皇帝宮中私生活外的種種言行。

其編撰方式，可以分別說明如下：首先是關於禮儀方面的記事或是行蹤，例如祭天、向皇太后問安等等。

再寫皇帝的聖旨。

次寫中央各部重要的奏摺、題本。

後寫地方大官的奏摺。

同類的事情中，則以事務輕重為順序加以記載。

在唐代以前，皇帝是不能看自己的起居注的，因為一旦皇帝看到了不利於自己的紀錄，自己有不妥的言行，肯定想要修改。但從唐太宗李世民開始，這一傳統就在皇權面前失效了。某種程度上，起居注最珍貴的一種特性是：真實性，其實值得商榷。

關於張英的這次失誤，很難說性質如何，或者說是不是「失誤」，究竟怎麼「失誤」，從現有資料看不出來。所以因此就說張英的工作態度不認真或者工作能力有問題，有些不妥。康熙本人都說：「張英原無甚不好處，但全無一定主意，隨東逐西而已。」決定從寬處理。其中「無一定主意」，似在說明這個失誤不一定是張英的主張。

但更嚴重的失誤出現了。

康熙二十九年六月，張英奉旨兼管詹事府外，再兼翰林院掌院學士。七月，張英調任禮部尚書，仍兼翰林院掌院學士。擔任禮部尚書三個月後，康熙斥責為一等公佟國綱所寫的祭文「極為悖謬」，張英因未能詳審祭文而被免去了禮部尚書職務。

事情很嚴重。因為死者是佟國綱，也因為他死於「國戰」。

佟國綱，佟佳氏，隸屬滿洲鑲黃旗，太子太保佟圖賴長子，孝康章皇后之兄，康熙帝之舅。康熙二十七年，隨從索額圖與沙俄簽訂《尼布楚條約》，保護清朝的北部邊境安全。康熙二十九年，隨康熙帝征討噶爾丹，陣亡於烏蘭布通。

在關鍵的烏蘭布通之戰中，清軍中了噶爾丹的埋伏，佟國綱中彈而死，「奮勇督兵進擊，中鳥槍，沒於陣」。佟國綱的遺體運回北京時，康熙派皇子前去迎接，甚至還要親自去祭奠，但被二舅佟國維勸阻，只好改派皇子前去，賜給佟國綱謚號「忠勇」。

負責為佟國綱撰寫祭文的是一位翰林編修，名叫楊瑄，他在祭文中把佟國綱比擬為五代時期的王彥章。王彥章是一員武將，他使用的鐵槍非常有名，被稱為王鐵槍，最後被俘，不屈而死。

康熙看到這裡，認為這種聯想非常錯誤，「極為悖謬」，又指出楊瑄這個人有問題，為漢人和滿人撰寫祭文時區別對待，「每於旗下官員，多隱藏、不美之言。於漢人，則多鋪張粉飾」。結果楊瑄被免職，送到山海關外在旗人營中服差役。

即使是非專業的讀者也可以看出，皇帝對自己的舅舅死於這樣的國戰，內心其實是驕傲的。天家享受天下的供奉，並非毫不作為。這與前明時期的「天子守國門，君王死社稷」如出一轍。所以這時的祭奠，強調的肯定不是悲痛，個人的「武勇」也無須誇張，重點在於強調「犧牲」的意義。而國之大事，唯戎與祀。負責「祭祀」的禮部官員竟然不能從國家高度出發闡述這樣的犧牲，的確不是單純的技術問題或者舉例不嚴謹，只能說是能力不足。而從工作態度的角度看，最起碼叫做「不慎」。

這個失誤實際上斷送了張英的政治生涯。《清史稿》中記載，這之後張英因教習庶吉士不嚴又曾被連降三級。這很有可能是前面事件的餘波。

儘管兩年後他還曾擔任禮部尚書的職務，兼管翰林院、詹事府，並先後充任纂修《國史》、《一統志》、《淵鑑類函》、《政治典訓》、《平定朔漠方略》的總裁官。但他的重要性卻遠遠不如以前。

陳廷敬在與這一時期的兩位「同僚」同時也是「競爭者」的比賽中，贏得了勝利。而這兩位曾經的領先者的失敗，正好證明了陳廷敬在「清」與「慎」方面的超卓。但陳廷敬的能力，還需要更多對手的襯托，才能闡釋得更清楚。

張英和高士奇與陳廷敬是同一時代的人物，他們風華絕代，但儘管如此，仍不足以代表整個「南書房」，因為在他們之前和他們之後，還有驚才絕豔之人身居中樞。像前文提到的熊賜履，還有後來被稱為「南書房三大廠」之一的徐乾學。

熊賜履（西元一六三五至一七〇九年），字敬修，又字青嶽，號素九，別號愚齋，湖廣漢陽府孝感人，世籍南昌。順治十五年，熊賜履參加科舉考中進士，被授予翰林院庶吉士。順治十六年，經考試優等被授翰林院檢討。康熙四年，進入內翰林弘文院擔任侍讀。康熙六年，熊賜履進呈在清初政治史上具有重要影響的〈萬言疏〉。該疏對清朝時政、特別是四大輔臣推行的種種政策提出尖銳批判，要求少年皇帝加強儒學修養，以程朱理學為清辛布政施行教化的根本依據。這道奏疏，使康熙皇帝對熊賜履刮目相看。康熙七年，授予熊賜履祕書院侍讀學士。康熙九年，升為國史院學士。不久恢復內閣制度，另設翰林院，熊賜履為掌院學士。康熙十二年，清廷決定撤藩，熊賜履對此不以為然，告誡康熙帝撤藩必定會引起反叛。

「三藩之亂」爆發後，熊賜履積極協助清廷平定叛亂，曾代擬〈宣諭雲貴等處官民敕〉。該敕宣布削除吳三桂爵位，要求雲貴居民「各按職業，並不株連」，「其有能擒斬吳三桂頭獻軍前者，即以其爵爵之。有能誅縛其下渠魁及以兵馬、城池歸命自效者，論功從優敘錄，朕不食言」。該敕頒布後，對孤立吳三桂叛亂勢力，籠絡人心，產生了重要影響。康熙十四年，康熙帝因為熊賜履「素有才能，居官清慎」，升熊賜履為武英殿大學士。

只用了十八年時間，熊賜履便成為了大學士，人臣巔峰。這其中，還有十年時間面臨著上級官員的壓制。所以他真正從踏上仕途到抵達巔峰的時間是八年。而假如從康熙九年，也就是康熙皇帝誅除鰲拜勢力，掌握真正的權力之後開始提拔他算起，那他完成這一切只用了六年的時間。

所以他一直是青年陳廷敬的偶像。其實陳廷敬與熊賜履是同科進士，但當熊賜履用短短六年時間走到巔峰後，從其他官員的角度來看，他們已經不是同時代的人物了。但陳廷敬並沒有妒忌這個「同年」，當熊賜履被擢升大學士之後，陳廷敬作〈贈孝感相公〉:「僉日帝知人，吾等夙願畢。」意思是說熊賜履能得到高位，我們的心願都達到了。

回想起當初與鰲拜的鬥爭，似乎表明熊賜履是陳廷敬等人的領頭羊，他在前面衝鋒陷陣，其他人在暗地裡發揮作用，以免一損俱損。但即使這個推論不準確，熊賜履與陳廷敬三觀一致、政治態度相同是毋庸置疑的。熊賜履本身也無愧於「大哥」、「帶頭人」的身分和期許。當康熙帝要他推薦「詞臣」、「講官」的時候，張英、李光地、陳廷敬、高士奇的第一份推薦函，都來自他。這樣的人物，理應做出更加光輝燦爛的大事。但他的能力太強，對自我的期許太高，以至於容不得自己出現半點閃失，而一旦工作出現失誤，他的能力便成為「規則外」的破壞性武器。

《清聖祖實錄》記載：吏部議復大學士巴泰等疏參大學士熊賜履，將陝西總督哈占題報獲盜犯開復疏防等官之疏，誤票「三法司核議具奏」。奉旨查問。熊賜履想掩飾自己的過錯，私取草簽嚼毀，以大學士杜立德所票另寫草簽，扯去紙邊，改寫小字，推諉歸罪於杜立德，是一個失職的大臣，應將熊賜履革職。後得到聖旨：熊賜履著革職。

這就是著名的「嚼籤案」。熊賜履在自己犯了錯的時候，想要掩飾，於是把已經黏在奏章上的票擬撕下嚼毀，這已經違反了工作應有的流程。而為了矇混過關，他偽造了另一位大臣的票擬，找來杜立德寫好的票擬，把內容撕去，保留簽名，而在簽名上方的空白處用小字寫下正確內容（清時書寫由上至下，由左至右)。

假如一切正常，皇帝看完後批示，這樣的奏章就會被收藏起來，大機率不會重見天日，整件事也就遮掩過去了。但無意或者有意，來自滿族官員巴泰的檢舉讓整件事暴露了。這一次受牽連的還有另一位漢族大學士杜立德，所以很迅速地，熊賜履就因為「失職」而被革職。

正常來說，假如只是票擬出錯，其實大機率得到的懲罰會是「申斥」，最嚴重的也不過是「降級」。但熊賜履太想維持自己完美的履歷，做出的行為讓整個針對他的指責變成了「不道德」。所以他走上巔峰僅僅一年時間，就被趕出了官場。

由於熊賜履個人品德很好，在任時清廉如水，以至於被革職之後回鄉閒居的日子過得非常拮据，讓人不得不感慨。

過於炙熱的「向上」、「追逐成功」、「追求完美」的欲望，是為官者的大忌。可惜，這一點，越是有能力的人越是無法避免。說到才華和能力，徐乾學可說與熊賜履一時瑜亮。

徐乾學（西元一六三一至一六九四年），字原一、幼慧，號健庵、玉峰先生，清代大臣、學者、藏書家。江蘇崑山人，清初大儒顧炎武外甥，與弟徐元文、徐秉義皆官貴文名，人稱「崑山三徐」。康熙九年中進士第三名（探花），授編修，先後擔任日講起居注官、《明史》總裁官、侍講學士、內閣學士。康熙二十六年，升左都御史、刑部尚書。曾主持編修《明史》、《大清一統志》、《讀禮通考》等書籍，著《憺園文集》三十六卷。家有藏書樓「傳是樓」，乃藏書史上著名的藏書樓。

終於在陳廷敬「對手」中出現了一個進士級別的讀書人了。在接近十萬人中才能出一個進士，能夠在二百位進士當中名列前三，足以看出徐乾學的聰明。而他的兩個弟弟，徐元文是順治十六年狀元，徐秉義是康熙十二年探花，更能看出他們家讀書的風氣和技巧。以至於明末清初最大的思想家顧炎武是他們的舅舅這件事，都變得沒那麼重要了。

但徐乾學是有才無德的代表。他可以被視為是失去了「敬畏心」而又有才華的官員的典型。

康熙九年，他中探花時，陳廷敬已經入仕十二年了，剛剛開始在各個職位上輪轉。而我們前面說過，到康熙二十五年時，閏四月，康熙諭示吏部：「張英和內閣學士徐乾學學問淵博，宜留在朝中辦理文章之事，嗣後不要將他們列為巡撫人選。」

僅僅十四年，徐乾學已經超越了陳廷敬，成為康熙身邊南書房人才的代表人物。他是怎麼辦到的呢？

首先是慧眼識英才。

康熙十一年，徐乾學身為副考官，與蔡啟僔一起典考順天府鄉試。他從已被放棄的試卷中挑出了韓菼的試卷，可以說慧眼識才，最終韓菼奪魁，成為狀元。消息傳出後有人投其所好，在徐乾學住的繩匠胡同裡租房居住，每待五更時，故意大聲讀書給他聽，以至於當時繩匠胡同的房價比別處高出幾倍。

除此之外，最主要的，還是他的文名。

康熙十五年，徐乾學在別人幫助下，開始編纂一部關於喪禮的重要著作《讀禮通考》，計一百二十卷，他博採諸家之說，剖析義理十分透澈。

康熙二十四年，大考翰林詹事於保和殿，徐乾學列為一等，並與韓菼、孫嶽頒、歸允肅等獲皇帝褒獎賞賜，隨即被升為內閣學士，任職於南書房。徐乾學出任《大清會典》、《一統志》副總裁，教習庶吉士，為庶吉士編纂一部《教習堂條約》，此書後來收入《學海類編》。同年，由他主持詮釋康熙帝欽定的《古文淵鑑》脫稿，全書六十四卷。

康熙二十七年仿司馬光《資治通鑑》體例，與萬斯同、閻若璩、胡渭等排比正史，參考諸書，纂成《資治通鑑後編》一百八十四卷。

康熙三十三年，康熙帝下諭大學士推舉文章學問超卓的人上來，王熙、張玉書等舉薦了徐乾學、王鴻緒與高士奇，康熙帝命他們來京修書。徐乾學在之前已經逝世，遺疏將自己編著的《一統志》進與康熙帝，康熙帝下詔恢復他之前的官職。可以說康熙朝欽定官書，十之八九都是他監修總裁的。但是，在他出色的成績背後，卻是大家對他人品的指摘。

徐乾學權勢極大，雖不親自主試，但評考官對他言聽計從。遊說到他門下的人，無不登得科第。有一年，一個姓楊的翰林主管順天鄉試，試前，徐乾學差人送去一個名單，指令揭榜之時名單上的「名士數人不可失也」。楊某一數，名單上的人數已盡將榜額占滿。榜單一張貼，京師大譁，街上到處張貼出匿名揭帖。康熙聞知，親自過問此事，徐乾學派人曲意逢迎康熙帝說：「大清國初年，將美官授漢人，都不肯接受。如今漢人苦苦營求登科，足見人心歸附，應該為此而慶賀。」康熙帝默然，此事竟然平息了。

康熙二十五年，徐乾學授任禮部侍郎，充經筵講官。次年，升左都御史，併兼任《一統志》編纂局總裁。與明珠親信佛倫、余國柱結怨。後來徐乾學又與索額圖、熊賜履勾結，反擊明珠。徐乾學利用其門生郭琇彈劾明珠，明珠、余國柱遂罷相。李光地說徐乾學「譎詭奸詐」。當時的民謠說：「九天供賦歸東海（徐乾學），萬國金珠獻澹人（高士奇）。」他先是依附宰相明珠，反對索額圖派。史載其「登高而呼，衡文者類無不從而附之」，「遊其門者無不得科第」。

康熙三十年，徐乾學因曾寫信給前任山東巡撫錢鈺，包庇朱敦厚，事發後，徐乾學、錢鈺均遭到革職。其子徐樹敏亦被揭發私收饋金。同年，江南江西總督傅拉塔（《清史稿》作傅臘塔，明珠的外甥）彈劾徐乾學及其弟徐元文不法之事「招搖納賄，爭利害民」共十五款，閏七月二十七徐元文「驚悸嘔血而死」。

自康熙二十九年至三十一年間，徐乾學一家被控不法之事有二十多起。

政治上毫無原則，反覆橫跳，只為追逐權勢，作為立身之本的文學事業，也頻繁遭人詬病。許三禮說他：「既無好事業，焉有好文章，應逐出史館，以示遠奸。」周壽昌在《思益堂日札》卷五〈竊襲前人書〉中說：「徐既愛其才華，復逢迎權貴……

其心術行事為儒林輕蔑久矣。」又說：「竊他人書以為他人之作，斯又添一書林掌故，可哂也。」據說《讀禮通考》的某些資料，乃抄襲萬斯同。乾隆帝在《通志堂經解》補刻本的自序中說：「徐乾學阿附權門，成德濫竊文譽，二人品行本無足取。但不以人廢言，故補刊齊全，訂正訛謬，以臻完善。」

要特別指出的是，在康熙二十五年時，徐乾學來到了自己權勢的巔峰期，皇帝特別對外宣布不要把他列為疆臣候選，以免離開自己身邊。但儘管如此，康熙還是更明白徐乾學與陳廷敬二人之間誰更值得信任。

康熙二十五年，陳廷敬身上的官職是經筵講官、都察院左都御史、工部尚書；擔任《三朝聖訓》、《政治典訓》、《平定三逆方略》、《皇輿表》、《一統志》、《明史》總裁官；與徐乾學專理修書館務。

徐乾學與陳廷敬都在負責修書的事宜。而「《鑑古輯覽》一百卷成書，陳廷敬上表」。工作完成了，陳廷敬是那個負責寫報告向上級彙報的人。畢竟，徐乾學不斷出事，與之相比，陳廷敬兢兢業業、矜持自守，更加贏得了康熙的信任。

此時高士奇、徐乾學和陳廷敬，共同組成了「南書房三巨頭」。看樣子，這場「競賽」還要長期延續下去。但一場風波馬上就要來臨，將直接區分出誰才是那個笑到最後的人。

康熙二十七年，陳廷敬被捲入宦海的漩渦之中，也就是陳廷敬的姻戚——湖廣巡撫張汧的貪腐案。

張汧（ㄑㄧㄢ），號壺陽，字蕙峰，山西高平人。順治三年進士，選內翰林院庶吉士，「散館」後歷任禮部主事、員外郎、江西督糧參議，後升福建布政史。陳廷敬的次女嫁給了張汧之子。康熙二十五年十二月，湖廣巡撫員缺，康熙帝經過考查，命張汧充任之。未料張汧到任後，卻貪黷無狀、任意搜刮。荊南道祖澤深有貪汙之嫌，他便向祖澤深敲詐，「索銀一萬兩」。祖澤深憑藉自己是大學士明珠、余國柱私黨，拒絕付錢。張汧懷恨，便揭發了祖澤深的貪汙問題。祖澤深予以報復，也揭露張汧任福建布政使時曾虧空藩庫銀並貪汙鹽商之銀。

康熙帝「命色楞額往讞上荊南道祖澤深婪贓各款，並察張汧有無穢跡」，色楞額卻「悉為庇隱」。但事情並未結束。據《康熙起居注》載：康熙二十六年十二月十八，康熙帝在乾清門聽政，山西道御史陳紫芝參奏「湖廣巡撫張汧居官貪劣，應敕部嚴處，以為貪官之戒。其保舉張汧之員亦應一併察處。上問曰：『張汧居官何如？』吏部尚書陳廷敬奏曰：『張汧是為臣同鄉親戚，性行向來乖戾。』刑部尚書張玉書奏曰：『張汧任事未久，名聲甚是貪劣。』左都御史徐乾學奏曰：『張汧五月到任，中更文武科場，視事未久，穢聲遂已流布，此豈可久居民上？』……上曰：『似此貪惡，豈可一日姑容民上？科、道職司耳目，今陳紫芝據實參奏，甚為可嘉。』……尚書柯爾坤、佛倫等奏曰：『祖澤深口供內巡撫張汧向彼索銀一萬兩，未曾給與，故行題參。色冷格（即色楞額）等將此等情由不行審明，應交該部一並議處。』上曰：『張汧、章欽文（河南巡撫）貪劣之狀，天下人共知，若不嚴加處分，貪官何所懲戒？色冷格等不從公審理，瞻徇情面，殊為可惡，若不一併議罪，惡人愈無忌憚矣！張汧情罪著直隸巡撫于成龍（字振甲，蓋平人，漢軍鑲黃旗人）、山西巡撫馬奇、副都御史凱音布等再行詳審。』」

另查《聖祖實錄》，亦有類似的記載：「山西道御史陳紫芝疏參湖廣巡撫張汧蒞任未久，黷華多端，凡所有地方鹽引錢局、船舶等，無不搜刮，甚至漢口市肆招牌亦按數派錢，當日保舉之人必有賄囑情弊，請一併敕部議處。」

上述記載的是張汧貪汙被揭露以及康熙帝決定派員審查的經過。從這些情況來看，陳廷敬雖與張汧有姻親關係，但張汧的犯案與陳廷敬並無任何牽連。但在于成龍審張汧後，張汧的供詞中卻有兩處牽連了陳廷敬。

其一，「張汧事發，遣于成龍出往審……張汧遂發高淡人（士奇）、徐東海（乾學）、陳澤州之私，曰：『予已老，為布政足矣，豈敢妄意巡撫，無奈諸公督促之……』」意思是他本來無意爭任湖廣巡撫，而是受高士奇、徐乾學、陳廷敬三人「督促」而為之的，並交出他們三人給他的信。

其二，據《清史列傳》載：「法司逮問貪黷劾罷之湖廣巡撫張汧，因汧未劾時曾遣人齎銀赴京，詰其行賄何人，初以分饋甚眾，不能悉數。既而抵出尚書徐乾學、少詹事高士奇及廷敬……」意思是張汧供稱他曾派人到京行賄徐、高及廷敬三人。

因為陳廷敬是康熙帝的近臣，而且剛剛升任吏部尚書，經張汧供認後，一時間便引起朝內眾說紛紜。有的官員便向皇帝上奏，乘機彈劾陳廷敬。

例如時任兵部尚書的張玉書，雖然一向謹慎小心，這時「亦呼其門人在臺中者，劾張汧有親戚在京為之營辦，宜窮治」。而與陳廷敬同入值南書房的徐乾學也「賄上左右為上言，張汧用銀，又有送銀子者，陳廷敬也。收銀子者高士奇也，與徐乾學實無涉」。

這樣一來，陳廷敬「亦大受其傷矣」，甚至因此而「神志摧沮，事多健忘，奏對之頃，失其常度」，並請求辭官回鄉。

按照一般情況，陳廷敬有罪無罪，經過審查，自然會水落石出。然而，據《清史列傳》記載：「曾奉諭：此案若嚴審，牽連人多，就已經審實者即可完結。於是置弗問。」

《康熙起居注》載其詳細情況是，康熙帝於康熙二十七年四月二十七召見審張汧案的于成龍，諭曰：「爾等往審此事，須就款鞫問，不可蔓延。若蔓延，則牽累多矣。倘有別事，爾等即來密奏。後伊等回時，可將張汧舉首書扎及口供密奏。不欲此事蔓延者，誠恐牽累眾人。」

另據李光地說：「皇上送太皇太后靈途中，於振甲已為諸公所中，皇上時時叫去，在宮門上罵說他們幾個跟我讀書的人（指徐乾學、高士奇、陳廷敬等），你必定都要一一排擠，為什麼呢？……又叫於振甲到宮門說，我左右動得筆的，是徐乾學、陳廷敬、李光地、張英、葉方藹這幾個人，這大文章該是于成龍作，你為什麼不作？」

於是，張汧案的最後處理結果是：張汧、祖澤深皆被定為貪官而治罪，被牽連的徐乾學、高士奇和陳廷敬皆原官解任，仍留京管理修書事務。

事情是非常清楚的。在此案牽連到徐乾學、高士奇和陳廷敬之後，康熙帝就不讓于成龍等再深究此事，其目的是為了保護三人。因為他們三人都入值南書房，都是康熙帝所器重的人。這樣一來，陳廷敬雖然沒有被治罪，但是，由於案子並未審清，陳廷敬到底是否收過張汧的銀子，也就未能澄清。

不過，根據當時的實際情況考查，陳廷敬肯定是無辜的。

首先，張汧出任湖廣巡撫，並非像張玉書的「門人」所說是陳廷敬為之「營辦」。如果是陳廷敬為之「營辦」的話，以當時陳廷敬與康熙帝的密切關係，他完全可以直接向皇帝為之引薦。但是，前已述及，張汧案被揭發時，康熙帝曾當面問陳廷敬：「張汧居官何如？」廷敬回答說：「張汧是為臣同鄉親戚，性行向來乖戾。」這樣的回答完全可以證明，陳廷敬對張並無好感，不可能向康熙帝推薦張汧。如果他曾推薦過張汧，推薦時肯定不是這樣評價張汧。如果當初說了好話，與現在的回答豈非自相矛盾？從陳廷敬的為人處世和品德看，他不會這樣。

另外，一個重要的情況是，張汧是順治三年的進士，進入官場比陳廷敬要早十數年，不論是閱歷抑或社會關係，都比陳廷敬更深。據《清史稿》中《徐乾學傳》載：「湖廣巡撫張汧亦明珠私人。」而該書的〈明珠傳〉中亦云：「蔡毓榮、張汧皆明珠所引薦者也。」這些記載完全能證明張汧是明珠私黨，而明珠在康熙二十六年未被罷官前，官位極高，權傾一時，且結黨營私。張汧能升任巡撫，很可能與他有關。

關於陳廷敬接受銀子的問題，他自己於康熙二十七年五月向皇帝上〈俯瀝懇誠祈準回鄉以安愚分疏〉中是這樣說的：

> 臣薄劣孤生，迂拙自守，荷蒙皇上天地養育之恩，生成造就，寵祿逾涯。臣自念無他材能報塞萬一，唯早夜兢兢，思自淬礪，不狥親黨，不阿友朋，上恐負聖主之殊恩，下欲全微臣之小節。乃至積有疑釁，飛語中傷，如前楚撫一案者。汧雖臣戚，涇渭自分，嫌疑之際，尤臣所慎，彼既敗事，遂疑及臣，積疑成恨，語涉連染。……雖臣之心跡即此可白，而臣之自處須適所宜，唯當隱退田間，永銜恩於高厚。

這段奏文，絕非是官腔文章，更非巧言搪塞，而是完全反映了陳廷敬的真實情況。因為陳廷敬已為官三十年，縱觀他這三十年的為官之道，主要堅持了「清、慎、勤」的三字方針。所謂「清」，即清明廉潔，在管理錢法時所著的〈二錢說〉就證明了他一向清廉自律；所謂「慎」，是指其一生為官謹慎小心，在為人處世上一貫「老成、寬大」，在政治生活上則是「慎守無過」，他的這種作風曾經受到過李光地的指責，說他是「但知趨避，自為離事自全」，這些，正是他在這裡所說的「不徇私黨，不阿友朋」的具體表現；所謂「勤」，是指他為官勤奮，十分敬業，在他為官的三十年中，康熙帝對他賞識、信任，一直予以重用。他出於忠君思想，又有報恩之心，確實像他這篇奏章中所說：始終是「唯早夜兢兢、思自淬力」。不僅這三十年，其一生為官也是如此，像這樣「恪慎清勤」的人，說他有貪汙行為，實在難令人相信。何況，在封建社會裡，向來重親家關係，即使貪官也不會只為自己的兒女親家說些人情就收他的銀子，更何況是陳廷敬這樣的清官，怎麼會巧取自己兒女親家的銀兩呢？由此看來，張汧之所以牽連陳廷敬，確如陳廷敬所描述：因陳廷敬與張汧一向「涇渭分明」，張汧事發，便疑及廷敬，因「積疑成恨」，就「語涉連染」，「飛語中傷」。就因為陳廷敬是遭張汧的「中傷」，所以李光地非常同情他，說：「澤州乃汧之親家，澤州亦大受其傷矣。」

李光地之所以這樣說，是因為陳廷敬曾向他說明了張汧案實情。陳廷敬曾向李光地說：「實在迫張汧做巡撫、要銀子也是徐東海（徐乾學）。後來銀子不應手，教人參他又是徐東海，始終皆渠為之。」從徐乾學為官的表現看，陳廷敬所說的確是真實情況。因為徐乾學，包括高士奇，他們一向都結黨攬權，貪汙受賄。陳廷敬雖與他們的作風截然不同，但因為他們同在南書房的關係，來往也頗密切，所以對他們的表現也是知之不少的。因此，對兒女親家張汧與他們的關係，也一定是清楚的。那麼，既然陳廷敬知道張汧行賄和徐乾學受賄，為什麼他在皇帝面前說張汧只用含混的「乖戾」兩字，並且在受到徐乾學誣告之後也不揭發呢？李光地說他「但知趨避，自為離事自全」，很可能就是指此類事情吧。

從現在的角度分析，陳廷敬肯定沒有受賄，這一點，康熙本人也是知道的。只看同時被停職的三個人的境遇就能明白。

康熙二十七年十月，康熙帝封陳廷敬為二品官才能封贈的資政大夫。與陳廷敬同時解職留京的徐乾學和高士奇，其情況卻大不相同。康熙二十八年九月，他們二人前後受到彈劾，貪汙納賄等種種劣跡被揭露。康熙帝雖然袒護他們，亦不得不令他二人「休致回鄉」。當徐乾學離開北京後，陳廷敬又被重新任用。李光地描述當時的情景說：「當時陳澤州卻閉門修書，憂窘異常，上亦知之。故徐健庵（即徐乾學）方上通州船，而澤州已復職關矣。」（《榕村語錄續集》）

至此，陳廷敬的「對手」們在這場競賽中紛紛落後甚至失去了比賽資格，此後，再也沒有值得一提的對手出現，他成功地來到了勝利者的終點。

這次風波，檢驗了陳廷敬的人品，並且康熙帝對結果很滿意。所以陳廷敬再次起復之後，先後當了六年的戶部尚書、十年的吏部尚書。要知道，這兩個位置，一個被稱為「大司農」，掌管天下銀錢，後世的清朝第一貪和珅就一直擔任這個職位。另一個則被稱為「天官」，掌管全天下官員的銓選。用現代的職務比附，一個是財政部長，一個是人事部長，這都是極易發生貪腐事件的職位，而陳廷敬卻在這兩個位置上一坐多年，直到致仕。可見康熙帝是多麼信任他，也可見他本身的人品有多高潔。正所謂：

我家洗硯池邊樹，
朵朵花開淡墨痕。
不要人誇好顏色，
只留清氣滿乾坤。

〔元〕王冕〈墨梅〉

九、清風兩袖朝天去

天下人皆知陳廷敬的廉潔，關於他清廉自守的小故事很多，我們姑且擷取一信一疏一諭一行一傳來大概了解一下。

陳廷敬是有名的孝子，在家鄉丁母憂期間，曾在墓地築屋，日「陟屺樓」，長時間住在那裡，專心為其母守制，有時還走訪親友。很長時間之後，他才恢復作詩，寫些雜文。

一貫謹慎行事的陳廷敬，以自己已是朝內大員、皇帝近臣，為避免嫌疑，在這期間走親訪友也遵循「不敢以一字通官府，犯禮經不語之戒」的原則。但他非常關心家鄉的教育情況，當他看到澤州地區教育腐敗衰落時，十分痛心，便寫信給省提學、本地學官以及裡中鄉紳，希望上下一心，力挽頹風，改變現狀。他在〈與劉提學書〉中，首先指出了澤州地區教育衰落的現狀：

當澤州盛時，州試童子可二千人，上之學使者千有餘人。州所隸縣如陽城，試童子可千餘人，州再試之，上之學使者亦六七百人。其三縣高平、陵川、沁水，悉號為最盛。今澤州應童子試者，不過二百人，陽城四十五人。陽城如此，三縣可知矣。一州如此，天下可知矣。學校者，人材之藪淵。人材者，國家之楨幹。而一旦衰落至此，是可嘆也！

接著，他又分析教育衰落的原因說：

凡若此者，其患始於進額之太少，其弊成於請託貨賂之公行。今進學額數人耳，而貴富有力之家輒攘之以去，單寒之子，淹抑坐嘆，……司文者既不以教養為心，又從而摧辱之、剝削之，其謂之保等者，取其資，保其不出三等者也。又最甚者，其始故置劣等，揚言於外，不肖州縣學官為之通關說，賄而後置之三等，謂之拔等。前此諸公，多有行之者。

這裡，他毫不掩飾地揭露出存在於當地教育中的種種貪賄之風，並直接指出「前此諸公，多有行之者」，這就相當於對有關此事的貪腐官吏指名道姓了。最後他要求劉提學「大破情面，力革陋規」，對「前項舊弊痛加掃除」。

這是一信。

身為一個讀書人，看到家鄉地區的「讀書學子」竟然在這樣不良的環境中成長，是可忍孰不可忍。但話說回來，「久入鮑魚之肆不覺其臭」，生活在一個「潛規則」盛行的環境裡久而久之大家就會失去對「正確」的理解，陳廷敬能直接把澤州教育衰落的原因歸結到「腐敗」上，正是因為他本人對「清廉」的堅守，某種程度上這也算是一種「旁觀者清」吧！是他不沆瀣的證明。

康熙二十四年正月，他上〈勸廉祛弊請賜敕議定製疏〉，提出：「貪廉者，治理之大關；奢儉者，治理之根柢。欲教以廉，當先使儉……」故建議皇帝從衣冠、輿馬、服飾、用具、婚喪之禮等各方面著手，整頓官吏奢華積習，培養其勤儉之風。為了「振興吏治」、「官奉其職」。

這是一疏。

在這本奏摺中，陳廷敬明確提出了「廉潔」是制度建設的基礎，它的外在表現是簡樸。但外在表現會與內心理念互相作用，因此作為一個組織（朝廷），在不能準確判定「內心」

的情形下，應該透過「行為」來規範和建立官場風氣，這一點在同年的另一封奏摺當中也可看出。康熙二十四年九月，陳廷敬又連上三疏，其第一疏日〈請嚴督撫之責成疏〉。他在這一奏疏中提出了當時清朝吏治中的一個更重要的問題，即如何加強地方總督、巡撫的責任問題。他認為：「今天下之事，繫於督撫，督撫之職，在察吏安民。」既然如此，所以「方今要務，在於督撫得人」，督撫的人選是否優良恰當，才是能否治理好天下最重要的因素。陳廷敬認為，督撫要完成自己察吏安民的任務，首先自身要廉。只有「上官廉，則吏自不敢為貪；上官不廉，則吏雖欲為廉而不可得。……為督撫者，既不以利慾動其心，然後能正身董吏。」所以他在此疏中最後要求「皇上之考察督撫，則以潔己教吏，吏得一心養民、教民為稱職，否則罷黜治罪。」

在工、戶、吏部尚書任上，陳廷敬仍然和以前一樣，政治清廉，工作務實。他任戶部尚書後，曾兩次發布〈戶部堂諭〉。在堂諭中，他先與部下建立互相信任的基礎。他說：「每念與諸司共事，貴相信以心，心相信則言易感人。」在相互信任的基礎上，他「與諸司相約」，對於戶部的「奏銷、考核、賚奏、駁察、地丁、兵馬、漕項、監法等項錢糧事務」一定要「無私欲」，而且還要「業精於勤」。然後他以「正己以勉諸司」，要求「諸司正己以勉諸吏，其有不率者，刑章具存；或有打點官吏，假借名目作為奸弊，恣意招搖……立時參奏。」最後他宣布「如本部堂常隨家人、班皂人等，或有交通書吏人等，作為奸弊者，仰諸司一併不時採察申究。」

這是一諭。

清王朝初立之時，天下依然大亂，新任官吏多著力於維護其統治。在康熙皇帝登基二十餘年之後，天下趨於一統，新朝的根基亦隨著鞏固而日漸發展，此時，從朝廷之大臣至地方大員，以及各級官吏，便逐漸產生了驕奢淫逸之心、貪利縱欲之意。於是在「官建」之中，「養廉」便成為治國、治世的一個重要問題。陳廷敬在新朝建立四十二年之時，任經筵講官、都察院左都御史，管理京省錢法期間，深感貪廉問題已成治理百官之要。認為對此不容忽視，應在推進其「官建」事宜時，加以深入研究，並在這一基礎上，制定一個勸廉倡儉的規範，用以褒獎廉潔、儉樸的官吏，形成一種新風尚。對此他認為應從兩方面加以考慮。

一是對各級官吏之服飾、輿馬、器用等方面，制定全面的定制，既要區分貴賤階級，又要貫徹從儉的原則。他指出：「蓋古者，衣冠、輿馬、服飾、器用之具、婚喪之禮，賤不得逾貴，小不得加大，今或等威未別，因而奢僭之習未盡化也。」古代的公卿大夫，按定制處置其衣食行用等事。今則各行其用，或「服機絲所織，花草蟲魚，時新日異」，或「策肥車馬，闐咽震，驚道路」，或「不惜貪饕之用」等等。官場興奢侈之風，必然影響整個社會，致使「富者黷貨無已」、

「貧者恥其不如，冒利觸禁，妄冀苟免，幸不罹於法」、「愚民遊末趨利」，農者「多離農畝，棄其本業」。若繼續照此發展下去，社會的穩定是難以有望了。陳廷敬的上述見解，其言之驚人之處，是明確指出這種奢侈之風，其源頭在於公卿大夫，若任其發展，社會必會遇到不堪設想之後果，因此應該從治理官吏之貪奢開始。

二是陳廷敬認為應該對官吏進行思想方面的教化，若欲使之「迴心向道，尤教化之急務也」。在〈勸廉祛弊清賜詳議定制疏〉中，他申述教化之理而言曰：

> 賈誼所謂一人耕之，十人聚而食之，欲天下無飢不可得也。百人織之，不能衣一人，欲天下無寒不可得也。其始由於不儉，其繼之於不廉，其卒至於天下飢寒，飢寒切於其身，奸宄因之而起，此所以刑罰未能衰止也。……夫好尚嗜欲之中於人心，猶水之失堤防也，是教化之所宜先務矣。

陳廷敬在這段話中，引申漢代政治家賈誼的見解，意在說明兩點：一是他認為歷代以來，史家都對賈誼的主張給以充分肯定與讚賞。賈誼在漢王朝立邦四十餘年時，發現社會中興起奢侈之風，在官吏層中尤甚，對社會安定發展極為不利。故而在憂患中說：「夫百人作之，不能衣一人，欲天下亡寒，胡可得也？一人耕之，十人聚而食之，欲天下無飢，不可得也。飢寒切於民之肌膚，欲其無為奸邪，不可得也。國已屈矣，盜賊直須時耳。」（《治安策》）對此，賈誼還在其《新書·瑰瑋》中有詳論。說：「今去淫侈之俗，行節儉之術，使車輿有度，衣服器械各有制數。制數已定，故君臣絕尤，上下分矣。」否則，「天下困窮，奸詐盜賊並起，罪人蓄積無已者也，故不可不急速救也。」陳廷敬對「貪廉者天下之大關」的分析論述，顯然是受到賈誼思想的影響。並且現在清朝的狀況與漢朝初期一樣，都是立邦四十餘年之際，遇到的問題又如此相似，所以他認為應以賈誼之見為法，為勸廉祛弊而制定法規。二是他同意賈誼的見解，若對奢侈之風不從根本上加以制止，社會就有產生動亂的可能。賈誼云：「盜賊並起，罪人蓄積」，隨時均有不測之虞！陳廷敬云：「奸宄因之而起，此所以刑罰未能衰止也。」說明奢侈之風，必然導致社會的不安定。賈誼對此警告說：「故不可不急速救也。」陳廷敬亦云:「尤教化之急務也。」兩位相距近兩千年的政治家，對於官員奢侈都如此看重，在闡述這一問題時，都不約而同地使用了一個「急」字，「急救」或「急務」，說明此問題是極為重要的大事。

陳廷敬提議為了「勸廉」制定一項定制是非常必要的，並提出制定這一定制時，應遵循兩個原則。一是應當取「中道」。他說制定時應從京官、外任、官民各種族群的工作生活多方考慮，遵循「斟酌、損益，務合於中」的原則。官吏有階級之分，服飾、冠服、衣裘、車輿和婚喪大禮等，在節約前提下嚴格區分，不得僭越。外任高官的輿馬、僕從，「不得過奢」便可，應該考慮到他們與京師情勢不同。此外，在這方面應有官民之別。往昔服飾與婚喪大禮，對庶人限制甚多亦甚嚴，如輿馬、衣裘、綢緞等高級器具，均不得或降檔使用，此次定制時「宜釐正，使永遠遵行」，在保持各級官員的尊貴與威嚴的情況下，在節儉的條件下，可適當放寬，以使在興節約之風、止奢侈之風下，使各級官吏之間、官民之間與社會達成有序的統一，有益於天下的和諧與安定。二是他認為「勸廉」定制，有利於社會進步。他說：

（定制）不得過侈，制度既定，罔敢陵越，則節儉之風可以漸致。工者不必矜能於無用，商者不必通貨於難得奇技淫巧，棄本趨末之民，將轉而緣南畝，田疇闢，則民無飢寒。民無飢寒，然後可以興於禮義廉恥，而國之四維以張，太平無疆之盛治端在於此，又豈唯勸廉吏而已。

在這裡他著重指出奢侈之風可使天下趨利而妄為，若如此下去，工商者則入歧途而廢正當之營利，眾民則棄本趨末而混跡坊肆，致使飢寒布於天下，鋌而走險者有之，聚而搶劫者有之，從而產生鄉不鄉、城不城、官不官、民不民的危急情況，因此後果堪憂。若定立「勸廉」的定制，在制止了官吏的奢侈之風後，工者可充分發揮其技能，商者可暢流物品，從而促進社會工商業的發展；廣大務農業者，則可踏實歸於田間，走種穀得穀、種豆得豆的康莊大道。百姓們糧倉充足，豐衣足食才能顧及到禮儀，重視榮譽和恥辱。如果大家都做到了禮義廉恥，那麼社會上下就會秩序井然。從而說明「勸廉」的定制，「又豈唯勸廉吏而已」之意哉！

還是在母喪期間，陳廷敬專程去高平拜會了致仕為農的畢振姬。畢振姬（西元一六一二至一六八一年），字亮四，高平人。順治進士，官至湖北布政使。著有《四州文獻》、《西北文集》等。他既是一位學識淵博的學者，又是一位「耕以養親」、「及仕則以廉能聞於天下」的清官，深得陳廷敬景仰。這次見面之後，見其家「蓬藋滿門徑，牛欄雞塒，雜置堂下，堂中則處其所自飼蠶」，完全是一派農家的景象，並且「所守甚危苦」，可「與農家最下者比」。但是，與一般農民不同的是，其「家獨多藏書，勝國君臣事蹟，典故文字，關史家者尤多，其他書皆世所不常見」。畢先生熱情接待了陳廷敬，雖「酌」之「流泉」，「飯」之「脫粟」，卻是盛情充溢，陳廷敬深受感動。分別時畢振姬還將他《輯錄明以來制科之文數百篇》贈送給陳廷敬。據陳廷敬自己說，這些文章都是畢亮四親手抄寫，旁詁加註，細書如繭絲牛毛，可以歸入國屬，屬之史乘，皆所謂世不常見者。之後陳廷敬對他更加崇敬，歸後便寫了〈畢亮四論訂歷科經義序〉，以補其「老而無傳」。後來又寫信給畢亮四，再次表示對他的敬仰之情。

這是一行。

前面說過，陳廷敬此時已然是中央大員，自然舉動慎重，但他偏偏去見了一個已經致仕的官員，這是一個極其容易被誤解的政治訊號。可是陳廷敬偏偏這麼做了，原因不過是畢振姬「以廉能聞於天下」。「能」者多有，陳廷敬想傳達的，無非就是對「廉」的尊重吧！

至於一傳，就是大家所熟知的陳廷敬寫給于成龍的《太子太保兵部尚書總督江南江西謚清端於公傳》了。

陳廷敬自身居官，「早夜兢兢，思自淬礪，不狗親黨，不阿友朋，上恐負聖主之殊恩，下欲全微臣之小節」，恪慎勤勉，雅正清廉。與「天下廉吏第一」之譽的于成龍並非只有同鄉之誼，且陳廷敬見于成龍時，「當公（于成龍）巡撫京畿，逆旅深夜，執余（陳廷敬）手而語，有知己之言」。可見，二人情誼深厚，在此情況下陳廷敬為自己的同鄉知己立傳傳世，當然格外用心。這篇傳記近一萬字，講述了于成龍的一生功業，結構清晰，字字著實，聲情並茂，可稱垂世之作。

傳記中描寫于成龍在廣西羅城任職時，「公廨在叢篁深箐間，披草木入，得微徑，插籬棘為門牖。虎嘯猿擲，白晝行庭中，陽陽穿壞壁去。公即庭中，累土為幾案。其傍置爨，一釜一盂，炊煙並日。召吏民來前，從容問所苦，喻以急公敬上之義。申令行事，吏民皆鳥言咿嚶，與之語，心耳遼絕」。寥寥數筆，羅城條件之惡劣，于成龍之泰然處之躍然筆端。而其敘寫于成龍治理羅城的收效時，則曰：「每春時，命兩猺舁竹兜行田野中，見力耕者輒呼與語相勞苦。民知公來，皆率婦子環公羅拜。或坐樹下，與飲食，笑語歡如家人。嘉其勤而獲者，愧其惰者荒蕪者，民大勸悔。穗被野，牛羊滿山。公以其暇日增陴浚隍，招民入居。新築室者，公手書題額或門聯，以示獎異。立學宮，教民其中，能讀書應舉者免徭役。」儼然一幅官民諧樂圖，不著一言，而于成龍治理羅城之實績盡收眼底。

于成龍的「廉」自然是陳廷敬最為留意，用力描寫處。傳云：

公自來羅城，從僕皆散去，二僕病不能去，旋亦皆死。羅人憐公，每晨夕視問安否，間斂金錢跪進云：「知阿耶苦，我曹供些少鹽米費耳。」公笑謝曰：「我一人何須如許物，可持歸，易甘旨，奉汝父母，一如我受也。」眾怏怏持去。居數年，家人來，羅人則大喜，奔譁庭中，言：「阿耶人來，好將物安家去。」又進金錢如初。公又笑謝曰：「此去我家六千里，單人攜貲，適為累耳。」麾使去。眾皆伏泣，公亦泣，卒不受。

先言其生活之苦，再言其拒謝之婉。數年之後又反覆之。一可見于成龍之清苦，二可見羅城百姓之有心銘記，三乃見于成龍之高風亮節。然往復之間，于成龍之愛民如子、清廉自守已淋漓盡現。

寫其離任羅城一段：

在羅城七年，遷知合州。公復牒十事上幕府，皆為公行之。去羅城，羅人遮道呼號：「公今去，我儕無天矣。」追送數百里，哭而還。一眇者獨留不去，公問故，曰：「民習星卜，度公槖中貲不能及千里，民技猶可資以行也。」公感其意，因不遣去。會霪雨，貲盡，竟賴其力得達合州。

受百姓之擁護愛戴，堪比前賢，為官一任，竟不能具貲千里，清廉可知。眇者竟而預知，可知于成龍之清廉實為黎民所深知。其淡泊之操、堅危之節，可想而知。

再如寫于成龍逝後一節：

將軍都統寮吏來至寢室，皆見床頭敝笥中唯綈袍一襲、靴帶二事，堂後瓦甕米數斛、鹽豉數器而已，無不慟哭失聲。士民男女無少長皆巷哭罷市，持香楮錢日至者數萬人，下至菜傭負販、色目番僧亦伏地哭盡哀。公鞫獄多所平反，銜恩者皆設位於家，至是皆奉以來。櫬歸，士民數萬人步二十里外，伏地哭江干，江水聲如不聞。

字裡行間已見深情。而于成龍具官之廉、任職之能，於此可盡見，士民的巷哭罷市已是最好的證明。在文末，陳廷敬更不無自豪地說：「天下之所謂廉吏也，皆晉人。」其情可知。傳文除了特意突出于成龍的「廉」之外，還著意描寫了于成龍的才智絕人，稱「公剛介沈毅，強力多智，正直自持，不少回曲，而臨事決機，應變無方。蓋其誠與才合，識與力並，故所至能集大動而著令名焉」。

如寫其平定東山劉戴孚之亂，云：

公則獨騎一黑騾，一蓋一鑼，與二人徑趨賊寨。未至二里許，命鳴鑼前導者行呼：「太守來救爾山中人。」戴孚不虞公自來，倉皇匿後山，令數百鳥槍弩矢夾道伏望。見公，皆燃火控弦，擬向公。公不顧，直前，賊亦卒不敢發。至寨門，門開，公入舍下騾，即廳中坐，眾賊環列。其黠者率眾羅拜。公問：「老奴安在？」老奴，戴孚也，以舊居麾下，故易暱之。眾云：「暫出，頃可至矣。」又姁姁問：「今歲山中雨暘，禾稼若何，若良民，何作賊取屠戮耶？時酷熱，若父母妻子匿何所，得無苦乎？」眾皆泣。公曰：「熱甚，須少憩。」令賊為脫靴，取水飲，或支榻揮扇，餘四圍牆立。公熟睡，鼾聲如雷，賊驚異不知何為。移時寤，又謾罵：「君孚老奴，何為久不出，豈有客至不設酒脯者？」戴孚初意公必以兵來，且懼見紿，故深自匿。及見公推誠無猜，趨出叩頭，訴所以激變故。公為開陳利害順逆，許以招撫，約日而還。至日，盡降其眾數千人，黃麻數縣皆解乎。

此段描寫，精彩淋漓，于成龍之智計謀略、膽色豪情，刻畫生動，栩栩如生，呼之欲出，幾可作傳奇讀之，深得太史公筆法。

結尾，陳廷敬特意點出了所以立傳的緣故，曰：

獨是于公之鄉人也，既多賢人之迭出於其鄉，而又嘗職在史官，親見聞公之行事，廢名臣之烈，湮鄉先生之跡，咎莫重焉，故次敘之。《傳》曰：「高山仰止，景行行止。雖不能至，然心嚮往之。」餘生賢人之鄉，而志其操行，亦將以為取斯也。

敬仰推重之情，感激鼓舞之情，志以推揚之情，同鄉自豪之情，俱在其中。劉勰在《文心雕龍》中說：「紀傳為式，編年綴事，文非泛論，按實而書。歲遠則同異難密，事積則起訖易疏，斯固總會之為難。或有同歸一事，而數人分功，兩記則失於復重，偏舉則病於不周，此又詮配之未易也。」「至於尋繁領雜之術，務信棄奇之要，明白頭訖之序，品酌事例之條，曉其大綱，則眾理可貫。然史之為任，乃彌綸一代，負海內之責，而贏是非之尤，秉筆荷擔，莫此之勞矣。」

在這篇傳記中，去除掉那些有傳奇色彩的事件，對于成龍風采的描述最動人。那是因為「行動」有可能被誇大，但「處境」卻是「真實」的，而「感同身受」，就是「所見即所得」—— 正因為陳廷敬自身對「清廉」非常追求，才會覺得這些「真理」無須多言，大家應該都能理解才是！

後世之思

本書不是陳廷敬的完整人物傳記，是從陳廷敬一生經歷中挑選了部分片段，進行再現，試圖探索某些行為背後所反映出來的理念。

目前我們看到的關於陳廷敬的相關作品，一部分是基於史料對陳廷敬的生平進行研究，這部分作品的出發點是陳廷敬的官場成就，也就是大家耳熟能詳的清初最成功的漢人大臣，仕途五十五年，升遷二十八次這一部分。其中對於「鬥爭」這部分的「傳奇」描寫，這是更貼合大眾閱讀趣味的商業化讀物風格，雖然也是以陳廷敬的個人經歷為線索，但重心主要放在了「戲劇性」方面，更加強調衝突和某些可以被強調的「關鍵事件」上。這樣寫更方便傳播，但試圖用來講述道理、抒發感慨就稍顯空泛。

所以本書更多的是依託可證的史料，只對真實發生過並有所記錄的事件加以鋪排，在重要的時間點和事件上，只進行可以接受的因果推測。

我們總說「環境塑造人」，也通常認可「原生家庭環境對一個人的影響」，但究竟怎麼影響呢？具體影響了什麼呢？作者不揣冒昧，從陳廷敬的生平出發，進行了一點分析。

陳氏家族，從陳靠到陳廷敬這一輩，整整九代人。篳路藍縷，白手起家，其間辛苦不必贅言。陳氏家族從始祖陳靠、二世陳林、三世陳秀、四世陳珙、五世陳修、六世陳三樂、七世陳經濟，發展到八世陳昌言、陳昌期、陳昌齊弟兄三人，陳氏家族已經成為方圓百里的富戶巨族，到了非常興旺的階段。那麼陳氏是靠什麼發財致富的呢？有學者把陳氏家族定位為晉商的一支，但我們在陳氏家族的歷史上並沒有看到關於經商的記載。陳氏的五世祖陳修雖然從事過鼓鑄業，但這是生產性的實業，並不是經營型的商業，所以陳氏主要從事的還是農業，即前面講到的耕田和牧羊。在陽城，牧羊主要是用來臥地，即白天在野外放牧，晚上把羊趕入圈中休息，用羊所拉的糞便來施肥。陳廷敬之父陳昌期曾說：「明季吾兄宦遊於外，餘以耕讀攝家政，銖積寸累，薄成基業。」陳廷敬也說：「吾家自上世已來雖業儒，然本農家，衣食僅自給。」清初陳昌言的同僚邑人白胤謙在〈題陳泉山侍御止園〉詩中說：「此山富泉石，下有幽人宮。耕稼百餘年，純樸多古風。」也是說陳氏是以農耕為業。陳廷敬編成《陳氏家譜》，曾經在後面題了一首詩：

側聞長老訓，諸祖稱豪賢。
披籍閱往代，嘆息良復然。
誠詞炳星日，志氣薄雲天。
處士及吏隱，一一皆可傳。

而據《康熙四十一年陳氏分撥總帳》中記載，康熙四十一年陳氏分家，陳廷敬的三個兒子每人所分財產情況如下：

陳謙吉：郭峪並各莊共房四百一十三間，共地六百七十九畝五分，共羊一千一百隻。

陳豫朋：郭峪並各莊共房四百三十九間，共地六百三十一畝，共羊一千隻。

陳壯履：郭峪並各莊共房四百三十三間，共地六百五十四畝，共羊一千隻。

以上共計房屋一千二百八十五間，土地一千九百六十四畝五分，羊三千一百隻。

從這個帳目來看，陳廷敬的三個兒子所分得的財產只有房屋、土地和羊群，並沒有店鋪、工場、作坊等。在陳氏的家業中雖有河南清花鎮店房一處，但並未註明經營項目。家業的財產只是供給陳氏家族宗祠祭祀之用，並不是陳氏家族的主要經濟來源。由此可見，陳氏家族根本不是靠經商來致富的，而是典型的耕讀之家。

這就有了一個問題，農業作為資本累積的手段效率低下，如果不進行技術革新，試圖以此發家幾乎不可能，陳氏家族是如何讓自己從芸芸眾多的農民家庭中脫穎而出，提升社會地位的呢？

一命二運三風水，四積陰德五讀書。讀書肯定是向上晉升的前提，但讀書後所做的事情，才是造成改變的動力所在。

陳秀是陳氏家族的三世祖。陳秀，字升之，行一。生而穎敏，年少時鄙視八股文，不喜舉子業，能詩，「工詞曲，有元人風」。善書，尤精行草。倜儻有氣節，族人有欲吞併其家產者，據理力爭。以三考授陝西漢中府西鄉縣典史，上官見他有才幹，遇事每向他詢問。凡文章之事，全都託付於他。他為人清嚴刻厲，掛冠於牆壁，多惠政，民感戴之。署城固縣令，致仕去官，民為之立生祠。陳秀做了九年典史，卒於明弘治十四年七月初二。

陳秀在陳氏家族史上是一個極其重要的人物。首先他是陳氏家族第一個發跡的讀書人，雖然他沒有取得任何功名，但因為他讀書，便為陳氏家族後來出現九進士、六翰林奠定了基礎；其次陳秀是陳氏家族中第一個當官的人，雖然他只做了一個不入流的小官，但他卻進入了仕途，這便為陳氏家族後來出現高官顯宦奠定了基礎；最後陳秀是陳氏家族中第一個寫詩作文的人，雖然他留下來的詩數量不多，文化價值也不算高，但他卻擠進了詩人的行列，為陳氏家族成為詩書世家、文化大族奠定了基礎。陳秀是陳氏家族實現讀書入仕理想的第一人，所以，陳昌言說：「肇造餘家，實權輿諸此。」

陳天佑是陳氏四世宗祖陳珙的姪子，是陳氏的第五世。陳天佑在明嘉靖十三年考中了舉人，在嘉靖二十三年考中進士，是陳氏家族的第一個進士，授戶部主事，累官至陝西按察司副使。陳天佑號容山，著有《容山詩集》，已失傳，僅存殘句一聯：「未遂持螯意，空懸擊楫心。」陳廷敬曾說：「餘家近堯畿，代有文學。高伯祖容山公，萬曆甲戌進士，歷關陝副憲，詩名尤重於世。」

讀書，能當官。當官，意味著社會地位的提升。這在那個時代，就是讀書最大的「用途」。當然，讀書的作用不僅僅在這一點，但從家族的角度來看，讀書當官，就是最具投資效益，也最能夠持續發展的「事業」。

陳氏「先世饒於貲」，在始祖陳靠和二世祖陳林時，就已經有了一定的累積。在三世祖陳秀的時候，就已經很富裕。陳秀在寫給他兒子的詩中說：「肯辭家舍來官舍，料出歌樓入酒樓。」他的兒子們不肯離開家到他當官的西鄉縣來居住，料想他們一定是每天出入於歌樓酒樓之中，擔心他們沉迷於花天酒地的生活而耽誤了讀書與學習。由此可見，陳氏當時的家境已經很富裕了。到了陳修的時候，家境就更加充實富裕，「拓田廬儲蓄，視囊昔遠過」，可稱為富甲一方的大戶了。

但大家族的「養成」不止於此。陳修「輕財好施，有弗給者輒出帑金、廩粟以賑其急。弗能償者，即毀券不校。鄉人以為歲星」。（《皇城石刻文編》）想要在「皇權不下縣」的時代成為「鄉老」、「鄉紳」，還需要一個民間的好名聲，修橋鋪路是必要的，在鄉親們遇到難處時伸出援手借錢救急也是必需的，要是還能做到「毀券不校」，那才是大善人、大救星，「鄉人以為歲星」就是這個意思。

之後的陳家，又出了第二個進士，陳廷敬的大伯，陳昌言。

陳昌言，字禹前，號泉山，一號道莊。他幼時聰明，「恥與凡兒伍」，考中了秀才之後，進入州學讀書，「試輒冠軍」，「沉若有大家名，籍甚於州庠」。崇禎三年秋天，陳昌言參加鄉試，考中了舉人。崇禎四年起義軍進入陽城，崇禎五年陳氏修建了河山樓，崇禎六年春陳氏開始修建斗築居城。在修建斗築居城期間，陳昌言又赴京參加了崇禎七年春的會試和殿試，二月二十七放了榜，陳昌言高中進士，這時他三十七歲。陳氏家族的第五代陳天佑曾於嘉靖二十三年中了進士，到第八世陳昌言中進士整整經過了九十年的時間。

陳昌言在做樂亭知縣期間「庭無留牘，胥無容奸」，「各臺使者至，供張之具，悉自為儲置，不費民間一錢」。他除了清廉自守之外，能力也很強。因為政績優良，經過考績，被調到京城裡任御史。他離任之後，樂亭的百姓還為他立了生祠。陳昌言在任御史期間曾被派出巡按山東。在巡按山東時，「值齊魯綠林蜂起」，他「嚴為戰守具」，並且於「一歲之中，封事不憚百十上，諸所糾墨吏褫懦弁，不避權貴，直聲達於朝右」。其實，巡按山東的這一年也正是陳廷敬出生那一年，也就是清兵第四次破關而入的一六三八年。「明崇禎十一年，清軍入關，前後破畿輔州縣四十三，山東州縣十八，擄掠人口四十六萬餘人」，直到次年三月才出青山口而去。於是他寫信給在家的弟弟，要求繼續擴大家中的防禦規模，最後完成的防禦建築，就是「中道莊城」，也就是現在的「皇城相府」。陳廷敬舊居就是在這個地方。

陳廷敬對讀書的嚮往，就是因為他的家風如此，家人總結出來的「成功之道」如此。因此，我們可以分析陳廷敬後來所表現出來的性格，或者說成功的原因，一定與家庭環境有關。

除了環境因素，陳廷敬的成功還有一個重要因素，那就是經歷。

河山樓之戰發生在他出生之前，雖然影響到陳家的「家族性格」，但沒有直接塑造陳廷敬。那麼，在他青少年時期發生的姜瓖之變、張斗光圍城事件，對他就有很直接的影響了。那年，陳廷敬十二歲。

十二歲的男子，在過去的年代，正是處在少年與青年之間的時期，再過兩年，陳廷敬就結婚了。他自小讀書，到現在已經接受了八年的教育，面前的一切，他絕對不會看不懂。自己家在這十多年的變化，他更是看在眼裡。而家中的建設，作為陳昌期的長子，他也時時上手幫忙，親身經歷了世事磨鍊、人心揣測。

沁河古堡群的說法本身就是當地世家大族之間實力與觀念的展現，和王家、張家之間的接觸讓他明白了「力量」的重要性；斗築居和中道莊城的修建，讓他有機會實際參與一項工程，實踐出真知，這在任何時候都是屢試不爽的真理。在工程建設的經歷當中，陳廷敬看到金錢對人心的考驗，見識到各式各樣的小動作、潛規則，但也看到清晰計畫、規劃的作用，這對後來他「見事極明」具有啟蒙的作用，以至於他能夠歷任五部尚書，最重要的是讓他理解了如何樹立一個「領導者」的形象，明白了該如何建立個人威嚴，以及建立後會對推動工作發揮多麼大的作用。

整個中道莊城保衛戰在明末清初的歷史中很微弱，但在陳家看來卻是驚濤駭浪。目前我們使用的文獻，絕大部分來自於陳廷敬自己撰寫的《皇清誥封光祿大夫正一品經筵講官吏刑二部尚書都察院左都御史魚山府君行狀》和《母淑人行狀》。所謂行狀，也稱「狀」或「行述」，是敘述死者世系、生平、生卒年月、籍貫、事蹟的文章，常由死者門生故吏或親友撰述，成為撰寫墓誌或史官立傳的依據。在陳廷敬替父親陳昌期和母親張氏寫的行狀當中都涉及了這次戰事，可見這件事在陳家的重要性。更值得注意的是行狀中記錄事件的「形狀」：在記錄中陳家對張斗光使者的言辭和動作，都在說明當時陳家的「立場」是絕對忠於清廷，而從當時的形勢來看，這幾乎不可能。但陳廷敬採用這種寫法也實在情有可原，這是給官方看的。我們平常在和朋友聊天時事涉己身尚不免有溢美之詞，何況是給上級看的，肯定要突出其成績，更要突出立場的。

這就能清楚回答這個問題：為什麼是陳廷敬？或者說，憑什麼陳廷敬可以在前後兩代帝皇——順治和康熙——身邊都脫穎而出？

在順治帝時期，身為當時的三甲進士，進入翰林院只是正常流程，並不會引起大家注意，那麼，他怎麼會引起皇帝的注意，並最後成為皇帝喜歡的人呢？

從整體情勢來說，順治十五年陳廷敬這一榜的翰林，是順治帝在統治政權內部新舊勢力鬥爭勝利之後所拔擢的第一批人。就在這一年，順治為了集中皇權，改內三院為內閣，又另設翰林院。也就是說，這一年的翰林，是順治真正意義上的第一批「天子門生」，因此，順治帝很注重這批庶吉士，不僅有時親自主持庶吉士的考試，而且還經常與一些庶吉士接觸。

但還是那句話，大環境為這批翰林提供了一樣的機會，為什麼陳廷敬能夠抓住它呢？同樣的疑問，其實也發生在了陳廷敬與康熙帝之間，甚至後面這次更不可思議。因為順治帝曾經表現出了對陳廷敬額外的好感（未曾畢業便被任命為同考官），所以陳廷敬身上其實是有著順治帝的烙印的。在新皇帝「上任」之後，他這樣的官員本不可能獲得信任才對（就像前朝的幕僚通常不會被新政府延用一樣），他又是憑什麼逐漸獲得康熙帝的信任呢？

答案只有一個，那就是實務經驗。

官員需要磨鍊，磨鍊不是目的，在磨鍊中獲得經驗，獲得解決問題的能力和觀念才是磨鍊的根本目的。但人不是生而知之者，很多人會在面對考驗時錯誤地使用自己的能力，或者某些客觀因素在機緣巧合下會帶給人們符合期待的結果，從而讓某些經受考驗者產生錯覺，以為這些客觀因素才是成功的充分條件，長此以往，甚至認為這些因素是必要條件。中華文明五千年，有史可載的有三千年，這些「經驗」，甚至成了「潛規則」。只有那些面對過足夠多、足夠複雜的局面的考驗者，才會思考這背後的真正規律。

當然，這些經驗不可能是剛剛進入仕途，甚至還只是個剛剛開始自己人生的年輕人所能掌握的。假如熊追你時，你不需要跑得比熊快，只需要比你身邊的同伴快就好。同理，陳廷敬雖然也不如真正的政治家那般老練，但相比同代其他的翰林們，顯然要高出一籌。

在完成了對陳廷敬少年時或者說入仕之前的人生經歷的觀察和思考，我們會得出一個明顯的結論：在明清易代之際，像陳廷敬這樣的讀書人事實上處於一個很微妙的境地。一方面，在民族衝突的前提下，他們的漢人身分為他們設下了極大的限制，這從清史當中可以直接看到，一直到皇朝末期的曾國藩和李鴻章才勉強打破這層「天花板」。另一方面，因為滿族「小族臨大國」而必然產生的人才不足問題，又為要進行實際治理的統治階層提供了唯一的解決途徑——只能依靠漢族讀書人。清朝統治者要管理華夏大地、進行治理所需的制度建設，降低因反抗而帶來的治理成本，甚至是之前無法想像的財稅收取等等，都需要有經驗的基層官吏。這樣，在這互為矛盾的兩個基本需求下，陳廷敬等漢族讀書人，有了幾乎從未有過、以後也絕不會再有的進入「官場」的豐厚機會（順治年間頻繁秋闈），但又難以像之前歷朝歷代那樣，憑藉讀書和當官的經驗就達成自身真正的圓滿——出將入相。因為滿漢之分，以至於他們當官做事、行使權力都要受限。

在這樣的大環境之下，陳廷敬等人還要進行相對溫和但本質殘酷的「內部淘汰」——同為漢臣，源源不絕的新生代與起點相同的同代人之間，競爭可想而知。康熙帝是「皇帝」這一身分下罕有的有些許「人情味」者，儘管如此，終康熙一朝能陪伴始終的也僅有兩人：張英與陳廷敬。我們可以以陳廷敬的官場經歷為切入點來加以觀察。

後面沒有第二個層次，我們通常對「官員」的觀察方式，或者說觀察習慣，是看他的升遷情況，以及升遷（或者黜落）發生的原因。

陳廷敬的仕途是非常順利的，於順治十五年考中進士後，旋即選為庶吉士，歷任檢討、國子監司業、侍講、侍讀、侍講學士、日講起居注官、詹事府詹事、內閣學士兼禮部侍郎、經筵講官、翰林院掌院學士、吏部左侍郎、都察院左都御史、工部尚書、刑部尚書、戶部尚書、吏部尚書、南書房總管。直到康熙四十二年，升任文淵閣大學士。從他二十一歲選為庶吉士開始，到他七十五歲逝於文淵閣大學士任上為止，為官五十餘年之久，除了兩次丁憂，還有因為姻親張汧貪腐案被牽連而離開過原職之外，一直是步步高升。這必然與他的為官之道分不開，或者說，是他的素養在發揮作用。按照康熙帝的說法，叫作「勤、廉、能」。

這幾個字意思非常簡單，在現在的日常生活中也能見到，試圖深挖並無必要，但如果從另一個層面來觀看，也許能為讀者們提供一點小小的幫助，也能更加清晰地掌握陳廷敬成功的線索。

勤，是勤勞、辛勤的意思，這一點，從陳廷敬小時候讀書（陳母張氏在他從學堂散學歸來後要加課，每至夜深）可以看出；從陳廷敬身為康熙帝的侍講官，在每個月都要整理一篇「報告」可以看出；從《午亭文編》、《午亭山人第二集》、《午亭集》以及魏憲《皇清百名家詩選》四種合計，去其重，得兩千六百七十首詩可以看出，這還不算他最早的詩集《參野詩選》（收錄了他二十一歲至二十五歲五年間所寫的詩，此集已佚。故陳廷敬的詩作當在三千篇以上）；從《午亭文編》於詩賦之外，並有經解、奏疏、表論、史評、序、引、疏、記、書、頌、箴、銘、贊、傳、阡表、志銘、神道碑、墓碑、墓表、祭文、題跋、雜文、雜著各體文章二十卷，數目達一百五十餘篇，總計約二十餘萬字的文章可以看出；從陳廷敬自康熙六年任內祕書院檢討、《世祖章皇帝實錄》纂修官始，其先後歷任《太宗文皇帝實錄》副總裁官、《皇輿表》總裁官、《明史》總裁官、《三朝聖訓》副總裁官、《政治典訓》總裁官、《平定三逆方略》總裁官、《太祖太宗世祖三朝國史》副總裁官、《大清一統志》總裁官、《親征朔漠方略》總裁官、《佩文韻府》匯閱官、《玉牒》副總裁官、《康熙字典》總閱官、《皇清文穎》總閱官、《御選唐詩》總閱官、《御製詞譜》總閱官，在這些康熙朝的重大文化典籍編撰過程中，陳廷敬身為主纂修官，都進行了精細嚴謹的編撰指導與執筆工作可以看出；從他學問的增長和演變過程，少學詩，次學文，最後「學問淹洽，文采尤長」，旁人評價「文章宿老，人望所歸，燕許大手，海內無異詞焉。亦可謂和聲以鳴盛者矣」可以看出；從他出「公差」（每年祭孔）的次數可以看出。但最能看出陳廷敬辛勤、勤勞的，是他在每一個職位上做出的事情：在左都御史的職務上，他初上任就發折，一個月上了三道重要的奏疏〈請嚴督撫之責成疏〉、〈請議水旱疏〉、〈撫臣虧餉負國據實糾參疏〉，件件言之有物，每個建議都不是憑空而來，這背後付出的汗水和辛勞可想而知；在擔任吏部尚書後，以務實的態度對各類問題進行了詳細考察，並結合自己平日的了解，寫了〈為題明事疏〉；任吏部左侍郎管右侍郎事時，「同兵部侍郎阿蘭泰、刑部侍郎佛倫、都察院左都副御史馬世濟管理錢法」時，上〈制錢銷毀滋弊疏〉，並在之後作了著名的〈二錢說〉。

綜上所述，我們可以得出一個結論：假如只是為了單純的完成本職工作，顯然是不可能擁有如此出色的成績的。「勤於王事」的「勤」，需要有一個更高的「目標」。一個人為了獲得好成績而讀書與「為了國族崛起而讀書」，動力顯然不一樣。也就是說，在陳廷敬的內心他不僅僅把這些工作當成「任務」，他是有「理想」的。這個「理想」，也同時培養了他的另一個優點。那就是「廉潔」。

陳廷敬的「勸廉吏」說有兩點值得讚賞。一點是社會之風決定於官吏之行。各級官吏之奢侈之風，是與貪腐相伴的，要制止官吏的貪汙、腐敗，必須制定嚴格的「勸廉」定制，從源頭上遏制官吏的腐敗之行。另一點是陳廷敬的這一「勸廉」與賈誼思想有高度的契合。賈誼身為漢代最有卓識遠見的政治家之一，創見甚豐，至今仍有值得借鑑的重要思想。其中之一就是「勸農立本」的主張，他認為漢王朝立國四十年之後，雖然社會經濟有很大發展，但不能由此而忽視農業。故史家言漢代「重本輕末」或「重農抑商」，其輕末、抑商之一面，或失之一偏，可予以針砭之。陳廷敬亦有見於此，他理解漢代及歷代史家之見，並分析云，若奢侈之風起時，趨利之風便會嚴重破壞農業的正常發展，此時若行「重農抑商」是可以的。但他同時認為此奢侈之風之源，不在商賈，而在公卿大夫，故應針砭的是貪官汙吏，而不應使正當之商賈為其代過。因此，他在建議制定「勸廉」之定制內容時，主張對包括富民商賈在內的「庶人」，可允許其衣裘衣、綢緞之類，乘車輿之行等，也允許工商業盡其智，盡其能，進行正常之活動，這是很有見地的。其認為守本即操守農業生產活動，可避免天下人之飢寒的思想，與賈誼的思想完全一致。特別是他認為若得「天下無疆之盛治」，守住農本這個原則是根本，而守住農本的原則，其前提條件，就是「勸廉」，若官吏之奢侈之風不止，天下焉得「盛治」，就只能是甚亂。陳廷敬的這一思想，超越了賈誼的「重農」思想，可以說是對其思想的重要發展，且至今仍值得研究與借鑑。

陳廷敬在釋《節卦》之卦象中，他認為此卦講出財是社會之大事，若節財以制度，節財以中正，不僅可以作為抑制奢侈的主要方法，且大有益於天下。

《節卦》斷以節財，言「天地節而四時成，節以制度，不傷財，不害民」。反而言之，不節以制度，則傷財害民矣，節豈小事哉！……

財者，天下大事也。九二大臣也，不知錢穀，託言非其職，過矣！至於「制度數，議德行」，國家大政所繫於財者至重也。明職掌，禁侈用，制度數以革僭分，議德行以勸儉約，天下未有不家給人足也。有中正以通之，德其行，此固易易也。

陳廷敬借釋《易・節卦》之意，以「勸儉約」來補充「勸廉」之意。這裡有兩點重要意思：一是《節卦》的卦象，是先聖天人之道的一個觀點，言明先聖言財谷的儉約，是從天道得到的啟發。古人云，四時行焉，萬物生焉，是由於天地之四時成，故人者有春生夏長秋收冬藏。且四時有節，故人亦有節。二是言此節有中正之德，就是說「中正以通之德」，或曰「以節中正，以通節而通」，中正具有正常運行之屬性，故成自然之道。人之社會亦應遵循此道，順之則吉，逆之則凶。故云「財者，天下大事也」，錢穀之財，必須以中正之道以節，立以制度，以豐補歉，「夫節財者，當於有財之時，失其時，何嗟及矣」，故而人類社會方可有生生不息之傳承。故「勸儉約」，天下才能家給人足，人類社會才能節以制度、節以中正之下運作發展，若以「多費以快意，而不知窮在其中說以行險」之時，則處於凶險之途。從而說明「國家之大政，所繫於財者」，必須節以中正，這樣國家便無憂與無虞。故當政者必須「勸廉」，必須「勸儉約」，這是天下之大事，也是國家大政方針。而「明職掌禁侈」，更應該從官員做起，因為他們既具「通財之權」，又具有「塞財之權」。陳廷敬的這些論述，視之似玄遠，若深入審視之，則是他對歷史的深刻反思，也是對他所處的社會的期望，是他追求政治清明的重要一環。

我們有理由這樣認為，康熙時代推行程朱理學儘管有其弊病，但不能否認這樣的事實：康熙盛世的出現，與康熙帝本人尊孔崇儒是分不開的；或者說由於康熙帝大行仁政，才出現了康熙盛世。而康熙帝潛心儒學並將尊孔崇儒定為國策，又是與康熙帝青壯年時期所實行的經筵日講制度有著直接的關係。更具體地說，日講當中日講官們系統性地為康熙講解儒學經典有著決定性的作用。日講官們培育、塑造了一位儒學皇帝，或者說是一位理學皇帝。

在設日講官的十五年中，先後擔任日講官的共有十九人。毫無疑問，這十九位日講官都對康熙帝產生了一定的影響。但，產生影響最大的到底是誰呢？在學術界有人認為「對康熙帝的思想和政治產生影響較大的是熊賜履、湯斌」。並認為其他日講官和入值南書房的翰林們，除張英和高士奇外，包括陳廷敬在內的其他人雖都有一技之長，對康熙帝的文化政策產生了一定的影響，但「在康熙皇帝確定統治思想和施政方針時，他們多隨聲附和，政績上也無所表現」。熊賜履、湯斌以及張英、高士奇確實是對康熙帝影響較大的人物。但是，前述見解中卻忽略了陳廷敬。說陳廷敬「在康熙皇帝確定統治思想和施政方針時」是「隨聲附和，政績上也無所表現」的人物，是不符合歷史真實的。在上述十九位日講官中，陳廷敬任經筵講官的時間最長。

在日講的次數上，他雖然不是最多的（進講次數最多的是孫在豐，共講了四百八十八次；其次是葉方藹，共講了三百三十七次），但其進講次數卻超過了熊賜履和湯斌。除此之外，他還受康熙帝之命，與喇沙里一起，刊刻出版了《日講四書解義》，而這部書又是康熙帝日常手不釋卷的讀物。

《聖祖仁皇帝御製文集》中記載：康熙十六年五月二十八，康熙帝對講官喇沙里、陳廷敬、葉方藹、張英四人曾說過這樣的話：

卿等進講啟導，一一悉備，皆內聖外王修齊治平之道。朕雖不敏，罔不孜孜詢之。每講之時，必專意以聽。但學問無窮，不在徒言，要唯當躬行實踐，方有益於所學。

這段話中，康熙帝不僅表彰了講官們的功績，而且非常明確地說明了講官們對他的學問和施政的影響。這裡要強調的問題是，在當時進講的四位日講官中，喇沙里和陳廷敬官階最高，都是翰林院掌院學士，葉方藹和張英當時分別是侍講和侍讀。而喇沙里是滿人，故進講中的主講無疑是陳廷敬。就當年進講的次數說，共進行了八十二次，葉、張二人有時是分別參加的，而陳廷敬卻是每次都參加了進講。可以看出，上述康熙帝所說的講官們的功績或對康熙帝的影響，陳廷敬是占主導地位的。到了康熙二十六年日講停止之後，康熙帝曾總結他自己所學說：「朕政事之暇，唯為讀書。始於熊賜履講論經史，有疑必問，樂此不暇，繼而張英、陳廷敬等以次進講，大有裨益。」(《聖祖實錄》)由此可見，在進講對皇帝的影響上，康熙帝是把陳廷敬與熊賜履、張英並列的。除此之外，陳廷敬「出入禁闥幾四十年」，除任經筵日講之外，多年入值南書房和任過南書房總管外，又兩任大學士，與康熙帝的政治關係非常密切，對康熙的影響是顯而易見的。因此，在談論對康熙帝影響最大的人物時，不僅不能漏掉陳廷敬，並且應該將他視為一位主要人物。

陳廷敬的社會政治思想，重心在「民為邦本」的理念，他的種種治世之論，皆由此而發，由此而展開。他認為社稷是由君王主宰，但民為邦之根本，若得到民的支持，國家則存；若得不到民的支持，這個國雖存猶亡。正如他所言：「舉天下之事，在於得天下之民心。」，「民之生死，國之安危」說明所謂治世，其實在於要得到眾民的真心擁護。因此，無論何種的治世方略，何種的治世舉措，若得民心，便可謂之大治；相反的，若違背民心，則會天下大亂。這就是說，若民之生，國樂其生，則國為之安；若民之死，眾民難以為生，則國處於危險之境地。

在陳廷敬的文集中，多有諸如親民、便民、利民、急民、為民、恤民、勤民和為民等措辭，從這些用語中，可以深深感受到民為邦本的理念。陳廷敬處於一個改朝換代後的新朝時期，又是新朝政壇的一名大臣，舊朝覆滅之故，百姓災難之深重，都曾耳聞目睹過。因此，可以認為民為邦本的理念，在他的思想中早已成為一個重要的問題，並試圖為此理念而效力。儘管陳廷敬身居高位，受到同級滿族大臣的種種制約，但他一生中始終堅持著民為邦本的宗旨，用陳廷敬所說的話而言，他認為治世之道的根本，就在於四個字，即「為政為民」而已。

陳廷敬生活在清初，天下雖然漸趨於穩定，但民生仍甚艱難。他身為朝廷大員，深感責任重大，積極踐行著使「國樂其生」的大事。此時他採取了兩個做法，一是在其職權範圍之內的事，他將為民生之大事作為主要內容；二是他以奏疏的形式或在講筵之時，積極向皇帝陳情，在整個社會治安、改革社會經濟生產以及防治自然災害諸方面，他都提出有益於百姓的建議，他認為「民命之生死，國之安危」必須慎之又慎地應對。由於他的社會地位的關係，諸多建議均得到實施，清初的民生條件得到進一步改善。

並且必須要提到的一點是，陳廷敬認為固本應從固文脈之基始。他與當時南書房參讚的漢臣們一面借官方之名，整理與編修一些古學中之重要文典，使其百世永傳；一面又推動漢字音韻的規範化，使漢字字正腔圓，漢文字之音義統一。這些均關乎漢文化之繼承與發展。陳廷敬熱衷於此文化事業，因為他深知，這一字學文化之興，與先秦聖人孔子倡